Inhalt

5
Vorwort zur ersten Auflage 1984

7
Vorwort zur zwölften Auflage 2009

11
Erklärende Wörterliste

159
»Max und Moritz«, der Erste Streich

161
Begriffliche Wörterliste

189
Ruhrgebiets-Deutsch in 30 Regeln

Vorwort zur ersten Auflage 1984

Die Sprache im Ruhrgebiet wird in diesem Büchlein als Umgangssprache und zugleich als Dialekt beschrieben, weil sie ganz offensichtlich beide Bereiche ausfüllt.

Der Hauptteil, die **Erklärende Wörterliste** (Seite 13–157), verzeichnet allerdings keineswegs die gesamte Umgangssprache dieser Region, die weitgehend mit der städtischen Umgangssprache des übrigen Bundesgebiets übereinstimmt, sondern nur jene Wörter und Wendungen, die außerhalb des Ruhrgebiets kaum, gar nicht oder aber in anderem Sinne verstanden werden.

Achten Sie deshalb auf das Leitwort in *Kursiv-Schrift*, denn das führt Sie zu dem jeweiligen Wortfeld im hinteren Teil dieses Wörterbuchs. Dort, in der **Begrifflichen Wörterliste** (Seite 162–188), finden Sie weitere sinnverwandte Ausdrücke zusammengestellt – und zwar mitunter auch solche, die außerhalb des Ruhrgebiets genauso verstanden werden und in größeren Wörterbüchern bereits erläutert sind. Wir haben sie trotzdem aufgenommen (aber mit einem Sternchen* markiert), wenn unsere Informanten sie als besonders typisch für den Sprachgebrauch des Ruhrgebiets empfanden.

Dieses Büchlein versteht sich also ganz ausdrücklich als »Ergänzungswörterbuch« – das durchaus auch selbst weiterer Ergänzungen bedarf.

Am Schluss werden dann, in einem **Nachwort** (ab Seite 189), die Lautlehre und die sehr regulären grammatischen Vereinfachungen der Ruhrgebiets-Sprache als systematischer Zusammenhang dargestellt.

Es wäre natürlich leicht möglich gewesen, beide Wörterlisten erheblich zu erweitern: Wir hätten nur – nach dem bewährten Brauch von Dialektwörterbüchern – jedes »anders gesprochene« Wort aufnehmen müssen. Aber das wollten wir nicht.

Uns ging es – schließlich sind wir Übersetzer – in erster Linie um erweiterte Ausdrucksmöglichkeiten, um die Vielfalt der Wort-Bedeutungen. Und so haben wir uns zur Erleichterung der Lesbarkeit bemüht, in den Stichwörtern der »offiziellen« Orthographie noch möglichst nah zu bleiben, und zeichnen erst in den Beispielsätzen den wirklichen Klang der Ruhrgebiets-Sprache nach, der durchaus wechselt; denn Umgangssprache lebt nun mal von der Situation.

Essen und Straelen, Februar 1984 Claus Sprick
Klaus Birkenhauer

Vorwort zur zwölften Auflage 2009

25 Jahre nach Erscheinen der Erstauflage – und acht Jahre nach dem Tod von Klaus Birkenhauer – liegt *Hömma!* nun in überarbeiteter und erweiterter Form vor.

In dieser Zeit hat sich unsere Regionalsprache weiterentwickelt und sogar zu einem Exportschlager gemausert. Das zeigt nicht nur die stattliche Zahl von Ruhrgebietswörterbüchern, die nach *Hömma!* in Buchform oder auch im Internet entstanden sind (und gern auf dessen Art und Inhalt zurückgreifen, was in besonders pikanter Weise deutlich wird, wenn nicht nur ganze Beispielsätze, sondern auch Druckfehler übernommen wurden). Auch die Kleinkunst und die Medien haben Ruhrdeutsch für sich entdeckt und in ganz Deutschland bekannt gemacht. 2010 ist das Ruhrgebiet gar Kulturhauptstadt Europas, und das sollte unsere Sprache auf dem Weg zur Weltgeltung noch ein gutes Stück weiter voranbringen.

Besonders erfreulich ist, dass sich die Schreibweise für unsere Art zu sprechen inzwischen weitgehend vereinheitlicht hat; hier hat *Hömma!* ersichtlich dazu beigetragen, einen Standard zu setzen, dem auch die Rechtschreibreform nichts anhaben kann. Andererseits ist es schwieriger geworden, als ruhrgebietstypisch empfundene Ausdrücke von jenen abzugrenzen, die auch anderswo geläufig sind. Hier sind die Grenzen noch fließender geworden. Der puristische Ansatz, möglichst nur solche Ausdrücke aufzunehmen, die der allgemeinen Umgangssprache fremd sind, ließ sich deshalb nicht mehr strikt durchhalten, und die Kennzeichnung der auch außerhalb des Ruhrgebiets geläufigen Wörter und Wendungen mit einem Sternchen * in der Begrifflichen Wörterliste muss daher mehr oder weniger subjektiv erscheinen.

Gegenüber den Vorauflagen sind viele Kennzeichnungen als [Kindersprache], [Jugendsprache] oder [Knastsprache] entfallen. Wer 1984 Kind oder Jugendlicher war, ist nun erwachsen, und wer im Knast saß, längst entlassen – die Sondersprachen dieser Zeit sind weitgehend Allgemeingut geworden. Andererseits gehören viele

Spiele und liebgewordene Dinge aus der Kindheit nun endgültig der Vergangenheit an und geraten in Vergessenheit. Die damit verbundenen Ausdrücke wurden hier aber bewusst beibehalten, um diesem Vergessen entgegenzuwirken. Gleiches gilt für die stark erweiterten Einträge aus der Sprache des Bergbaus, die inzwischen fast wie ein Fremdkörper anmuten. Sie zu streichen hätte bedeutet, einen wesentlichen Beitrag zur Entstehung unserer Sprache zu verleugnen.

Auch wurde darauf verzichtet, die Begriffliche Wörterliste spiegelbildlich zur Erklärenden Wörterliste zu einem selbständigen Teil Hochdeutsch – Ruhrdeutsch zu erweitern. Diese Liste erhebt keinen Anspruch auf Vollständigkeit, war noch nie ein Lesevergnügen und ist eher als Fundgrube für Philologen und Übersetzer gedacht. Immerhin zeigt sie eindrucksvoll auf, mit welcher Vielzahl von Varianten und Differenzierungen unser regionales Deutsch aufwarten kann.

In den Vorauflagen ließen aus mehreren Worten bestehende Wendungen in der Begrifflichen Wörterliste nicht erkennen, unter welchem Stichwort sie in der Erklärenden Wörterliste aufgeführt sind. Diese Stichworte sind nun durch ein vorangestelltes Dreieck (▸) hervorgehoben. Auch die Beispielsätze der Erklärenden Wörterliste enthalten nun durchgängig solche Querverweise (▸) auf die einzelnen Einträge, was zu noch häufigerem Blättern anregen soll.

Das bisherige Literaturverzeichnis ist entfallen. *Hömma!* erhebt nach wie vor keinen wissenschaftlichen Anspruch, trotz zahlreicher Dissertationen zum Ruhrgebietsdeutschen, die es als Quelle zitieren und damit quasi philologisch geadelt haben. Dieses Wörterverzeichnis lebt weiterhin von dem, was Nachbarn wie Oma Kaludrigkeit von sich geben oder unfreiwilligen Zuträgern in der Kneipe oder Straßenbahn abgelauscht wurde, und inzwischen auch von dem, was gelegentlich in Internet-Blogs aus dem Ruhrgebiet aufblitzt; das alles eignet sich nicht für ein Literaturverzeichnis. Und einen Katalog aller inzwischen auf dem Markt befindlichen *Hömma!*-Nachahmungen vorzulegen kann ja wohl nicht Sinn eines Quellenverzeichnisses sein.

Die 30 Regeln zum Ruhrgebiets-Deutsch von Klaus Birkenhauer zu überarbeiten bestand kein Anlass. Sie gelten unverändert fort und bilden das unkaputtbare Rückgrat dieser bemerkenswerten Sprache, die jünger ist als »anerkannte« Dialekte und deshalb auch nicht daran denkt, demnächst auszusterben.

Bochum, Oktober 2009
Claus Sprick

Erklärende Wörterliste

Aake

etwa 30 m langer kielloser Lastensegler, mit dem bis Mitte des 19. Jahrhunderts die Kohle auf der Ruhr transportiert wurde

Aalscheppe

1. Schöpfkelle für Fäkaliengruben **2.** der Form wegen: Kappe mit tellerförmigem Frontabschluß (Schülermütze einiger Gymnasien, Mütze bestimmter Studentenverbindungen, auch: SA-Mütze) / *Kopfbedeckung*

Aalskuhle [typisches *Einschub-s* wie in ▸Bratskartoffeln]

Fäkaliengrube, Plumpsklo, *Toilette*

abbrechen [Jugendsprache]

zusammenbrechen, etwas nicht fassen können, verblüfft, *überrascht* sein – »ich brech ab, die Ilona is mittem ▸Hebbert am knutschen« · **sich einen abbrechen** = sich bei etwas zu sehr anstrengen oder ungeschickt anstellen – »nu brich dir ma kein ab, ▸madomma erst die Arretierung los!« / *umständlich*

abdackeln

weggehen, insbesondere beleidigt, enttäuscht oder unverrichteter Dinge

abdrücken

zahlen müssen, ausgeben – »watt meinze, watter jetz jehn Monat abdrücken daaf, woer die ▸Tussi dat Kind gemacht hat«

Abend [Aussprache: Ahmt]

du kannz mich ma am Ahmt besuchen = Abschwächung von: am Arsch lecken / *schimpfen*

abfackeln

(Kokerei:) überschüssiges Gas abbrennen; im übertragenen Sinn: etwas in Brand stecken, niederbrennen

abfitzen

etwas mit rascher, energischer Bewegung abschneiden oder *abschlagen,* z. B. Disteln abfitzen = Disteln köpfen

Abflug

den Abflug machen = sich freiwillig oder gezwungenermaßen verabschieden / *weggehen*

abfüllen

jemanden sinnlos *betrunken* machen

abgehen

los sein »wat geht denn hier ab? Der ▸kröppt sich ja auf wie Bettmän in Gossem Zitti!« / *feiern*

abgelatscht

müde, erschöpft, *schlapp*

abgelutscht

nichts mehr wert, *schlecht*, verbraucht, nicht mehr ergiebig; etwas, von dem andere sich schon das Beste genommen haben

abgezockt

abgebrüht, durchtrieben / *Gauner* / *schlau*

abglucksen

verschwinden, abhauen, *weggehen* – »nu glucks abba endlich ab, ▸ej«

sich **abjachtern**

sich abhetzen, eilig hinter etwas her sein / *schnell*

abkacken

nicht mehr funktionieren, den Geist aufgeben »ich glaub meine Festplatte is abgekackt« / *kaputt*

abklabastern

der Reihe nach *aufsuchen* – »manchma musse ▸ehmt alle Schuh- lädens abklabastern bisse die passenden ▸Treters kriss« vgl. ▸Herzklabastern, ▸klabastern

abknabbeln

abnagen, abknabbern, sorgfältig ab*essen*, z. B. ein Hühnerbein

abkrücken

sich einen abkrücken = sich abmühen; etwas ungeschickt und daher mühsam erledigen – »musse nurma kucken wie unser Vatta sich einen abkrückt wenner sein Lohnsteuerjahresdingsbums am ausfüllen is«, vgl. ▸krücken / *bemühen*

abmurksen

(verständnisvoll verniedlichend für:) *töten*, umbringen

abnippeln

(derb für:) *sterben*

abpetschen

eine gegnerische *Spiel*figur schlagen, »rausschmeißen«, z. B. beim Mensch-ärgere-dich-nicht

abpillern, abpinnen [*Schülersprache*]

(vom Heft des Nachbarn) abschreiben – »willzet abpillern, oder sollichet ▸ehmt durchen Kopierer jaang?«

Abraham

den Abraham sehen/gesehen haben = 50 Jahre alt werden, den 50. Geburtstag *feiern*

Abraum [**Bergbau**]

über Tage gefördertes Gestein, das keine verwertbare Kohle enthält; vgl. ▸Berge, ▸taubes Gestein

abrollen [Jugendsprache]

sich vor *Lachen* biegen

absäbeln

1. absägen, *abschneiden* (z. B. Wurst)   2. [*Schülersprache*] sitzenbleiben lassen / *Zeugnis*

Absacker

letztes alkoholisches *Getränk* vor dem Nachhause- oder Schlafengehen

abschleppen

1. ein Mädchen erobern – »watt hasse denn gestern aamt widder fürne ▸Ische abgeschleppt?« / *kennenlernen*   2. *mitnehmen* – »warsdudat der den ganzen Sperrmüll von hinten im Hof abgeschleppt hat?«   3. [*Bergbau*] einen Wagen (Lore) mit der Hand ziehen

abschmieren

abschlägig bescheiden; eine Klage *abweisen* oder ein Rechtsmittel zurückweisen – »den Siggi seine Berufung hamse jetz auch abgeschmiert«

abseilen

einen abseilen = ab*husten*

Abstecke

Ablöse, Abstandszahlung, die Zuhälter für den Freikauf einer Prostituierten und Fußballvereine beim Verkauf eines Spielers verlangen / *Geld*

absträppen

etwas von einem Stiel oder Stengel *abstreifen* (Stielmus, Johannisbeeren)

abteufen [*Bergbau*]

einen neuen Förder▸schacht senkrecht in die Tiefe bauen, ein Bohrloch niederbringen

abziehen

jemanden abziehen = jemanden übers Ohr hauen, betrügen / *unehrlich*

abzischen

abhauen, verschwinden, *weggehen*, meist in der Befehlsform – »zisch ab du ollen ▸Seger du«

achottachott!

[Betonung auf der 2. Silbe] trotz Verdoppelung eine der minderen Anrufungen Gottes, vor allem eher ironisch bei belanglosen Widrigkeiten – »Chottachott, hatter sich beim Überlehmsträning et Knie aufgeschrappt? Isja fuachba, sollichen Krankenwaang holn?«; bei mittleren Katastrophen entfährt dem Reviermenschen hingegen ein »ach du (grüne) Scheiße!«. Bei wirklich tragischen Ereignissen hält er den Mund und hilft, wo er kann / *Ausruf*

achtundachtzig siehe ▸*egal*

Acker

sich vom Acker machen = abhauen, sich davonstehlen, nach Hause gehen / *weggehen*

Adler

einen Adler machen = **1.** hinfallen, voll auf die Schnauze fliegen und mit ausgebreiteten Armen auf der Erde liegenbleiben – »hättse ma sehn sollen wieer mitti Honda geeng die Leitplanke is und mitten auffem Acker en Adler gemacht hat« **2.** [*Kindersprache*] sich im Schnee auf den Rücken legen und die ausgebreiteten Arme in

verschiedenen Winkeln andrücken / *Spiel*   **3.** [Knastsprache]
abhauen, *weggehen*, ausbrechen

Adsventskalender [typisches *Einschub-s*]
scherzhaft für: Adventskalender; vgl. ▸Türkenkalender

Adventsauto [veraltend]
Kabinenroller (Kleinstwagen) Heinkel/Messerschmidt oder BMW
Isetta (nach dem Adventslied »Macht hoch die Tür, das Tor macht
weit …«, wegen des sich nach oben öffnenden Einstiegs) / *Auto*

Akamie
kalauernd für Akademie, vgl. ▸Unität / *Hochschule*

Akt
1. aufwändige Aktion »dat war vielleicht en Akt, dem seine Karre
aussem Grahm zu ziehen«   **2.** übertriebenes *Bemühen*, Aufruhr –
»nu machma kein Akt hier!«

ALDI-
der Name des auch liebevoll als »Feinkost Aldi« bezeichneten
Discounters wird in vielfältigen Zusammensetzungen benutzt, um
eher abschätzig etwas besonders Billiges zu bezeichnen / *kaufen*,
z. B. · **Aldi-Ährbäg** – »Kennze nich? Is für zehn Cent son Luft-
ballong, denze im Mund stecks. Wenn bein Aufprall dat Lenkrad
dein Brustkorb plattmacht, bläster sich dadurch auf und schützt
den ▸Dez!« · **Aldiporsche** = Handeinkaufs*wagen* (Einkaufstasche
mit Rohrgestell und zwei kleinen Rädern); vgl. ▸Hackenporsche,
▸Zwiebelporsche · »hamsen▸**Führerschein bei Aldi gemacht?**« =
rhetorische Frage, wenn jemand fährt wie eine gesengte Sau / *fahren*

alle
1. *leer*, aufgebraucht »Milch is alle!«   **2.** todmüde, fix und fertig /
schlapp

alle machen
1. leer machen, auf*essen*   **2.** fertigmachen, zu Boden *schlagen*
3. umbringen, *töten*

Allohol
scherzhaft für: Alkohol – »Samman Wort mit >k<«! / *Alloholkon-
trolle!*« / *Getränk*

als wie

geläufiger genialer Kompromiss für Sätze, die einen Vergleich enthalten und bei denen man nie weiß, ob es »wie« oder »als« heißen muss, vgl. das Beispiel bei ▸Olle

Alsche

leicht verächtlich für alte *Frau*, insbesondere: eine unliebsame Nachbarin – »dat Ge▸sülze von der Alschen geht mir langsam auffen ▸Keks«

alt aussehen [Jugendsprache]

in einer misslichen Lage sein – »wenn jetzen Schaffner kommt, siehsse abba alt aus« / *Problem* / *unangenehm*

alter Mann   siehe ▸Mann

am [mit Infinitiv]

Verlaufsform [wie auch im Rheinischen: »kölsch continuous«], kennzeichnet eine nicht punktuelle, fortlaufende Handlung – »der war die Kuh am Schwanz am ziehen bisse endlich aussem Stall war« / *Sprache*

Ambach

wissen wat Ambach ist = Bescheid wissen, sich auskennen, durchblicken; vgl. ▸Durchblickerlehrgang. Aber was ist denn nun »Ambach?« Gute Frage! Vermutlich [althochdeutsch] ambacht = Handwerk, Beruf; jedenfalls nicht die Abkürzung für [pseudo-althochdeutsch] »all meyne Blagen am cacken halten«, vgl. ▸kacken / *schlau*

anbaggern [Jugendsprache]

anmachen; sich an ein Mädchen heranmachen, Mädchen für eine Fête oder Party herbeischaffen – »▸hömma, lass nochen paar ▸Torten anbaggern, sonz is Samstach widder tote ▸Hose« / *kennenlernen*

anbimmeln [nur *Telefon*, nicht Haustür]

jemanden anrufen – »kannzja anbimmeln, wennze widder inne Gegend bis«

anbölken

an*schreien*, jemandem lauthals Vorwürfe machen / *schimpfen*

andere

van **Ander(e)n** = Pseudo-Marke zur Bezeichnung geschnorrter *Zigaretten* – »der raucht in letzter Zeit nur noch van Anderen«, vgl. ▸Schnoratti / *schnorren*

andötschen

leicht an*stoß*en und verformen – »son ▸Nuttenporsche brauchse doch bloß andötschen un schon isseten Totalschahn«

anfangen

[grammatische Konstruktion:] **et fängt am reechnen** / *Sprache*

Anita Drögemöller

Protagonistin des mit authentischem Ruhrdeutsch versetzten erotischen Krimis »Anita Drögemöller und die Ruhe an der Ruhr« von Jürgen Lodemann; 1976 mit Monique van de Ven in der Hauptrolle verfilmt / *Name*

Anknebler [*Bergbau*]

Bergmann, der ▸Loren und andere Transportwagen unter oder über Tage aneinanderkoppelt (»anknebelt«)

sich **ankötteln**

sich beliebt machen, *einschmeicheln* – »brauchssich gaanichso ankötteln, mein Auto krisse ▸donnich«

sich einen **ankrämmeln**

sich (nett, aber nicht sinnlos) be*trinken* – »Opa tut sich jetz jeen Ahmt gefleecht ein ankrämmeln«

anpacken

anfassen z. B. Schild am Obststand: »Packse mich an, musse mich nehmen«; im Zoo: »Nich am Bär packen!«

anpampen

jemanden anmeckern, übellaunig zurechtweisen; vgl. ▸pampen / *schimpfen*

anpflaumen

1. jemanden be*schimpfen*, zurechtweisen   **2.** jemanden mit einer ironischen Bemerkung *aufziehen*

sich **anpieseln**

sich vorsichtig an jemanden heranmachen; *kennenlernen* / sich *einschmeicheln*

anscheinends, anscheinz

im Ruhrgebiet übliche Form für: anscheinend« – »hatter anscheinz widder ganze Nacht ein auf Schau gemacht«. vgl. ▸scheinz / *Evidenz*

anscheißen

1. jemanden kurz und heftig rügen / *schimpfen* **2.** jemanden verraten, verpfeifen / *unehrlich*

anschellen

an der Tür (nicht: Telefon) *klingeln*

Anschläger [*Bergbau*]

Bergmann, der die Förderkörbe beschickt und das Signal für die ▸Seilfahrt gibt

anspitzen

jemanden anstiften oder drängen, etwas zu tun – »man sollte die vom Ordnungsamt ma anspitzen, dasse ihm den Laden dichtmachen« / *überreden*

sich anströppen, anströbbeln

sich *anziehen*

Antek und Frantek

Protagonisten unzähliger (ursprünglich oberschlesischer) Witze; im Ruhrgebiet früher ebenso bekannt wie Tünnes und Schäl in Köln / *Name*

anticken   siehe ▸antitschen

antitschen, antucken

ganz leicht an*stoß*en, insbesondere mit dem Auto anfahren – »den Kadett habbich doch bloßen ganz bissken angetitscht«

antüttern, antuttern

sich einen antüttern, antuttern = sich bedachtsam be*trinken*, einen Schwips antrinken

Anziehsachen

Kleidung (das Wort Kleidung kommt in der Umgangssprache nicht vor)

Apparillo

großer *Gegenstand*

Appel

einen am Appel kriegen = sich *ärger*n oder ungeduldig werden; Zustände kriegen

appes

[Eigenschaftswort-Bildung von »ab«] – »jetzt hattern appes Bein, weilert Rauchen nich lassen kann«

Ärpel   siehe ▸Erpel

Arsch

jemandem den Arsch nachtragen = einen unbeholfenen, vergesslichen oder auch nur faulen Menschen bemuttern, ihm alles hinterher tragen, alles für ihn erledigen, dauernd hinter ihm her sein, ihn *umsorgen* · **Arschbombe** = Sprung ins Schwimmbecken, bei dem es darum geht, mit dem Hintern zuerst aufzutreffen und dabei möglichst viel Wasser zu verspritzen / *Spiel* · **die Arschkarte gezogen haben** = die schlechteste Wahl getroffen haben, der Gelackmeierte sein; vgl. ▸gekniffen / *unangenehm* · **Arschgeige** = unzuverlässiger oder unsympathischer *Mensch* · **Arschleder** [*Bergbau*] = halbrundes Lederstück zur Vermeidung von Gesäßabrieb beim Arbeiten und Vorwärtsrutschen in steiler Lagerung · **Arsch mit Ohren** = dummer, einfältiger, unsympathischer Mensch, *Trottel* · **kein Arsch inne Buxe, aber La Paloma pfeifen!** = Kommentar zu jemandem, der über seine Verhältnisse lebt oder an etwas scheitert, das eine Nummer zu groß für ihn ist (noch derber: »keine Haare am Sack, aber im Puff drängeln!« / *Angeber*

asbestfrei

alkoholfrei (Bier); vgl. ▸bleifrei / *Getränk*

Asche

1. *Geld* – »dat gibt wieder Asche!« 2. *Müll*, z. B. **Aschenkippe** = Müllkippe · **Aschenleute, Aschenmänner** = Arbeiter der Müllabfuhr · **Aschentonne** = Mülltonne / *Gefäß*

Asi

Asozialer, ▸Proll / *Mann*; **Asischale** = Pappteller mit Fritten / *Essen* · **Asischuppen** = miese Diskothek / *Vergnügungsstätte* · **Asitoaster** = Sonnenbank

ätzend [Jugendsprache]

langweilig, nervtötend, *unangenehm, schlecht*

auf

ersetzt in einigen typischen Wendungen die Ortsangaben »nach«, »in«, »bei«: **auf Schalke gehen** = zum *Fußball*platz des Vereins Schalke 04 gehen · (wenn die Wohnung oder die Arbeitsstelle angegeben wird:) »ich wohn auf Savichnistraße 17« – »unser Vatta is auf (▸Zeche) Ernestine«, bzw. **auf**▸Maloche / *Sprache*

aufdröseln

entwirren, gründlich analysieren, langatmig *erklären*

aufgeschmissen sein

in hilfloser Lage sein, nicht weiter wissen / *aufgeben*

aufhaben

1. geöffnet sein (Ladengeschäft) / *auf*   2. [*Schülersprache*]: etwas aufhaben = eine Hausaufgabe zu erledigen haben,   3. tragen (Hut, Schutzhelm) / *Kopfbedeckung*   4. (Nahrung:) aufge*gessen* haben – »hasse deine Quakspeise immer ▸nonnich auf?«

aufkriegen

1. etwas (mit Mühe) öffnen – »wat is, krisset nich *auf*?«; vgl. ▸zukriegen / *gelingen*   2. auf*essen* können   3. [*Schülersprache*] Hausaufgaben zu machen haben

sich **aufkröppen**

sich aufregen, lauthals protestieren, sich über Kleinigkeiten *ärger*n

sich **aufkrücken**

sich aufregen – »Vatta, nu krück dich ma nich auf, du krissat ▸donnich raus, oppet gezz den ▸Hömmut war oder den Kuat – weisse wat? stecksse beide im Sack, kloppsse drauf, triffse immern Richtigen!« / *Ärger*

aufmotzen, aufp(r)eppen

eine Sache ansehnlicher machen, ihr den letzten Schliff geben; auch: sich schick machen / *schön*

aufribbeln

Gestricktes auftrennen, um etwas Neues daraus zu stricken

aufscheppen

den Teller mit Suppe, Brei oder anderen Leckereien füllen; auch als [plattdeutsche] Aufforderung, sich tüchtig was auf den Teller zu tun: »schipp op den Papp« / *essen*

Auge

ich schieß dir gleichen drittes Auge, ich lutsch dir gleichen Auge aus = Imponier*drohung*en

aus

zu Ende, geschlossen, ausverkauft – »Wann hasse heute Schule aus?«; (Restaurant:) »▸Bratskatoffeln sind aus!«

auseinanderdröseln

analysieren, entwirren (Problem, Wollknäuel)

ausklinken [Jugendsprache]

▸ausrasten, die Geduld verlieren, *ärger*lich werden, aber auch vor Freude, Überraschung *verrückt* werden

sich **auskoddern**

sich Ärger von der Seele *reden*, sich aussprechen

ausrasten [Jugendsprache]

die Geduld verlieren, *ärger*lich werden / *verrückt*

ausrauben [*Bergbau*]

Material aus dem nicht mehr benutzten Arbeitsbereich (z.B. ▸Stollen) entfernen

außen vor sein/bleiben

abgeblitzt sein, vor der Tür stehen, ausgeschlossen sein, nicht teilnehmen können, aus der Diskussion ausgeklammert werden / *abweisen*

sich **ausströppen, ausströbbeln**

sich *ausziehen*

Babbel

Mund

Babelken [langes a], auch: **Babbelken**

Bonbon

Backe

sich etwas von der Backe putzen/kratzen können = ein Vorhaben, einen Wunsch als utopisch *aufgeben* müssen – »du willz mittem Kegelclub nach Bangkok? hömma, dat kannze dir gleich vonne Backe putzen«

Backmann

dicker Backstein / -*mann*

Bagger

Taxi – »bestellzeman Bagger für mich? Faahn könntichanoch, aber ich bin so stramm, dattich sicher mein Auto widder nich find« / *Auto* · **Bagger mit Licht** [Jugendsprache] = **1.** etwas ganz Tolles oder besonders *luxuriös* Ausgestattetes – »jetz wünsch dir nich widdern Bagger mit Licht« **2.** auch als Dämpfer zu einem *Angeber*: »kauf dir'n Bagger mit Beleuchtung«

Bahndamm

Marke Bahndamm Nordseite = scherzhaft für schlechten oder selbstangebauten Tabak / *Zigarette*

Baldino   siehe ▸Lago di Baldino

ballern

1. sich einen ballern = sich be*trinken*, saufen – »heute baller ich mir einen« **2.** *schlagen*, hauen – »du kriss gleich einen vorn Latz geballert datte nichmehr gradeaus kucken kannz« **3.** schießen – »da brauchsse doch bloß Piep saang und schon kannze die ▸Bullen losballern sehn«

Bammel

Angst, Furcht

Banane [Jugendsprache]

1. alles Banane! = alles *Unsinn*   **2. alles Banane?** = alles *klar*?

bandusen, rumbandusen

laut herumtollen, *Lärm* machen

Bangebux, Bangebüx

ängstlicher Mensch, insbesondere Kind, *Angst*hase

bärenstark, bärig [Jugendsprache]

unheimlich *gut*; auch als *Ausruf*

barfuß

1. scherzhaft für: mit der bloßen Hand, »auf die Faust« – »Pappteller sind alle, nimmsset Kottlett auch barfuß?« / *essen*   **2. barfuß oder Lackschuh!** = entweder oder! (Aufforderung, sich endlich zu *entscheiden*)

baselig

vergesslich, *zerstreut* · **Baselkopp** = vergesslicher, *zerstreut*er *Mensch*

Bauchfletscher

missglückter Kopfsprung, bei dem man schmerzhaft mit dem Bauch auftrifft / *Sport*

bäuern

aufstoßen, rülpsen, ein Bäuerchen machen

Bauklötzkes staunen

sehr erstaunt, *überrascht* sein

Bazille

linke Bazille = 1. verächtlich für einen politisch Linken / *Politik* 2. abwertend: *unehrlich*er Mensch, dem nicht zu trauen ist / *Gauner* · **Bazillenmutterschiff** = ansteckend er*krank*ter, insbesondere stark erkälteter Mensch

Beamtenspargel

Schwarzwurzeln / *Essen*

bedröppelt

betrübt, *verlegen*, kleinlaut, ratlos / *Gesichtsausdruck*

befahren [*Bergbau*]   siehe ▶fahren

bei

ersetzt häufig das Verhältniswort »zu«, allerdings nur für kürzere Entfernungen – »gehma bei dein Vatter« – »gehma nach unten bei den Frauen/bei die Frauens« – »komman bissken bei mich bei«; für längere Entfernungen hingegen »▶nach« / *Sprache* · **beihaben** = dabei, zur Hand haben – »hasse etwa schon widder kein Geld bei?« / *mitnehmen*« · **beikommen** = sich (nach einer Ohnmacht oder Erkrankung) wieder berappeln, vgl sich ▶bekrabbeln / *gesund*

beknatscht [kurzes a]

verrückt, ver*trottel*t – »hier laufen doch nur beknatschte Typen rum«

bekohlen [Kindersprache]

an*lügen*

sich **bekrabbeln**

1. sich erholen, *gesund* werden, zu Kräften kommen – »setzich man bissken auf ▶Soffa, dann hasse dich gleich widder bekrabbelt« vgl. ▶beikommen 2. aus einer schwierigen Lage wieder herauskommen

belatschern [kurzes a]
überreden

Bello
1. großer, dicker *Gegenstand*, insbesondere Edelstein / *Schmuck*
2. [Knastsprache] Zellen*toilette*

bematscht
1. *verrückt* 2. ve*rtrottel*t, *zerstreut*

benaut [Plattdeutsch]
1. schwül, drückend (Wetter) 2. sich benommen, beklommmen fühlen – »Deiwel, wat is mich dat benaut!« / *beklemmend*

sich **beömmeln, beeumeln**
sich tot*lachen*

Berechtsame [*Bergbau*]
Nutzungsrecht an Grubenfeldern (Bergwerkseigentum)

Berge [*Bergbau*]
Bezeichnung für das ▸taube, kaum Kohle enthaltende Gestein, das beim Abbau anfällt; vgl. ▸Abraum

Bergmanns-
Bergmannsjojo = Nasenschleim (vor allem, wenn er mangels »Tempotuch« in letzter Sekunde wieder hochgezogen wird); auch: *Husten*auswurf · **Bergmannskuh** = Ziege / *Tier* · **Bergmanns-braten** = Hering / *Essen*

beschmiert
verrückt, bescheuert/*Trottel*

besemmelt [Jugendsprache]
verrückt, bestusst / *Trottel*

Besenbinder   siehe ▸Kesselflicker

Bett
komm du im Bett! (auch: nach Bett) = nicht bösartig, sondern fast liebevoll gemeinte *Drohung* unter Eheleuten, etwa im Sinne von »das merke ich mir« oder »du wirst schon sehen, was du davon hast«

betutteln
jemanden besonders intensiv *umsorgen* und bemuttern, obwohl das gar nicht nötig wäre – »Mensch, Berta, gezz hör aber auf, unser

Vatter zu betutteln als wennern Flegefall wär; der soll sich seine
▸Zaretten ma ganz schön selbs anne ▸Bude holen«

BigMäc
hohes Tier, *Chef*

Bild
schwaches Bild! = vorwurfsvoller Kommentar zu jemandem, von
dem man eine bessere Leistung erwartet hätte / *schlecht*

Bimbo
verächtlich für: Neger / *Ausländer*

Birne, Birnemann
Dummkopf, Doofmann / -mann / *Trottel* / *verrückt*

Bischek
Frechdachs, Lümmel, Schlitzohr / *Flegel*

Blag [das Blag, gesprochen: blaach]
Kind; Plural: Blagen(s)/Blächskes = viele, laute, (lästige) Kinder

blässkes
blass; mitfühlend-besorgte Bezeichnung einer auf Krankheit oder
Unwohlsein hindeutenden Blässe – »wat siehsse so blässkes aus
▸umme Nase, gehma bissken vor ▸Tür, tutich gut anne Luft« /
krank

Blauer
1. Hundertmarkschein, Hunderter / *Geld* **2.** (scherzhaft für:)
Rot*haar*iger

Blaumann
1. (wegen der blauen Uniform) städtischer Bediensteter, der Falschparker aufschreibt / *Strafzettel* **2.** blauer Monteuranzug, Arbeits-
kleidung / *-mann*

Blaumeise
städtische Bedienstete, die Falschparker aufschreibt – »wolltese
mich doch für eima falsch Paaken 20 Maak abknöppen, die bescheu-
erte Blaumeise« / *Strafzettel*

Bleier [Kindersprache]
Bleistift

bleifrei
alkoholfrei (Bier); vgl. ▸asbestfrei / *Getränk*

Blindschacht [*Bergbau*]

▸Schacht, der keine Verbindung zur Erdoberfläche hat und lediglich einzelne ▸Sohlen miteinander verbindet

Blitzer [*Bergbau*]

(hellere) Gruben*lampe*, die auf der Brust getragen wird – nur für sogenannte »Beamte«, nämlich für ▸Steiger

Blötsch

weiche oder eingedrückte Stelle, z. B. faule Stelle an einem Apfel oder *Beule* im Blech · **Blötschkopp** = *Trottel* – »du Blötschkopp, nimm die ▸Quanten vom Laser« (zu jemandem, der im Aufzug oder in der Straßenbahntür vor der Fotozelle steht)

Blubber [Knastsprache]

verächtlich für: Suppe / *Essen*

blubbern

plappern, Unsinn *reden*

Blümkes

die Blümkes von unten bekucken = gestorben sein / *sterben*

boah [Aussprache wie »B̲a̲l̲t̲i̲m̲ore«], **boh** [mit langem offenem o wie in engl.: law]

zumeist mit nachgestelltem ▸ej: **boah ej, boh ej** = *Ausruf* oder Satzanfang, der Bewunderung, Erstaunen oder (als Füllwort) überhaupt nichts ausdrückt – »boh ej, die ▸Aschenleute ham sogar unsern Krissbaum mitgenommen!« – »Samstach mussich boah ej widder auf ▸Schicht, son ▸Kack!« · **bo(a)h glaubsse** = Verstärkungsfloskel, etwa im Sinne von »also wirklich!«; dient vor allem dazu, die Intensität eigener Gefühle oder Reaktionen zu beteuern – »boah glaubsse, ich war ▸sowat von stinkich auf den gewesen, dat glaubsse gaanich!« / *Ausruf*

Bochum

wird mit langem o gesprochen, vgl. den berühmten Satz mit Bochum und Köln: »Der Hund b̲o̲g̲ ̲u̲m̲ die Ecke, um zu pin̲k̲e̲l̲n̲). Die von Ortsfremden und anderen Ausländern häufig verwendete Aussprache »Bóchum« wird hierzulande als aggressiver Akt empfunden.

böcken

hörbar *aufstoßen*, leicht rülpsen

Bockschein
Bescheinigung des Gesundheitsamtes, dass eine Prostituierte sich
der vorgeschriebenen regelmäßigen Untersuchung unterzogen hat,
vgl. ▶Nutten-TÜV / *Prostitution* / *Papiere*

boh   siehe ▶boah

Bohei
einen Bohei um etwas machen = viel Wind, Aufhebens um etwas
machen, aus einer Mücke einen Elefanten machen – »nu mach nich
son Bohei, dat hamwer alle ma durchemacht, und du wirsset auch
überlehm« / *übertreiben*

bölken
1. herumbrüllen, *schreien*   2. rülpsen / *aufstoßen*   3. *husten*
(schmerzhafter, lauter, tiefsitzender Husten) · **Bölkhusten** =
Keuch*husten* · **Bölkwasser** = Sprudelwasser / *Getränk*

Bollen
1. Geflügelbein (Gänse-, Hähnchenbollen) / *Essen*   2. Po – nur
in der Wendung: »Kinder, die wat wollen, krieg ein auffen Bollen«, womit ihnen die Verwendung des höflicheren Ausdrucks
»möchte« nahegelegt wird / *Ablehnung*

Boller-
Bollerhose = ausgebeulte alte Hose, insbesondere mit reichlich
bemessenem, physiognomisch faszinierendem Hintern / *Klei-
dung* · **Bollerkopp** = cholerischer, unfreundlich reagierender
Mensch · **Bollerwagen** = Handkarre/*Wagen* · **Bollerrad** = 5 DM-
Stück / *Geld*

bomforzionös [veraltend]
anz toll, phänomenal, bombig / *gut*

Bömmsken [Plural: Bömmskes]
Bonbon

Bonbon [Aussprache: Bommbong, Betonung auf der 1. Silbe]
jemandem ein Bommbong am Hemd klehm = 1. jemanden
anschwärzen, *beschuldig*en, schlecht machen   2. jemandem etwas
anhängen wollen / *gemein*

Bonzenheber
Fahrstuhl

boo, booch, bor [langes offenes o]

Ausruf, der Erstaunen oder Verblüffung ausdrückt oder auch nur den anderen aufmerksam machen soll – »booch ▸kumma, da drüben sindsesich am ▸kloppen« / *überrascht*

Borbecker Halblang

(nach dem Essener Stadtteil Borbeck, Aussprache entweder Bohrbeck oder Bobbek) knielange, meist auf Zuwachs gekaufte Jungenhose, die das ganze Jahr über getragen wurde, im Winter mit Leibchen und hellbraunen Strickstrümpfen darunter; Kennzeichen für eher ärmliche Verhältnisse oder provinzielles Aussehen überhaupt / *Kleidung*

bosseln

herum*basteln*, sich mit Unwichtigem beschäftigen

Botanik

unbewohnte Landschaft, auch Sammelbezeichnung für: Grünstreifen, Feld, Wiese, Wald; **inne Botanik** = auf dem/aufs Land; vgl. ▸Pampa, ▸Walachei / *Gegend*

Bottich

auffen Bottich müssen = auf die *Toilette* müssen

Bottroper Bier

von Jürgen von Manger (1923–1994) gesungene Parodie auf Udo Jürgens' Lied »Griechischer Wein« / *Getränk*

Brack(er)mann

großer, dicker *Gegenstand*, z. B. Stein, Backenzahn, Baumstumpf / *-mann*

bräsig

1. angetrunken, leicht schicker / *betrunken* 2. ungehalten, mürrisch, ver*ärger*t

Brass, Brast

Ärger, Wut · **im Brass sein** = gestresst, mit *Arbeit* überlastet sein

Brassel [stimmhaftes s]

1. *Ärger*, Wut 2. viel *Arbeit* – »Manno, ich hab ▸vielleicht widdern Brassel am Hals gehabt«

brasseln [stimmhaftes s]

an etwas herum*basteln*, sich mit allem Möglichen beschäftigen

30

Bratarsch

universelles, zwar verächtlich, aber nicht bösartig gemeintes Schimpfwort für einen *trottel*igen, langsamen Menschen

Bratbär

mildes, eher zärtlich-nachsichtiges Schimpfwort für einen ver*trottel*ten Menschen

Bratskartoffeln, Bratswurst [typisches *Einschub-s*]

statt: Bratkartoffeln, Bratwurst / *Essen*

Braunsche Röhre [*CB-Funkersprache*]

(der Farbe wegen:) Bierflasche/*Gefäß*. Ansonsten ist die Braunsche Röhre das Ding mit der Mattscheibe, vgl. Heinz Erhardt: »Damit wir sehen, was wir hören,/erfand Herr Braun die Braunschen Röhren./Wir wärn Herrn Braun noch mehr verbunden,/hätt er was anderes erfunden.«

Bredullje

(von frz. bredouille = Matsch, Patsche) *unangenehme* Situation; vgl. ▸ösig

breit

betrunken – »du waasja gestern widder ganz schön breit«

Brems-

Bremsklotz = salopp für: Frikadelle / *Essen* · **Bremsspur** = derb für: brauner Streifen in der Unterhose oder auf dem Bettlaken / *Schmutz*

Brenner

einen Brenner machen = verschwinden, *weggehen*, die Flucht ergreifen

Brennholz! [Kindersprache]

Warnruf beim Schlittenfahren

es **brennt!** [*Bergbau*]

vorgeschriebener *Warnruf*, bevor unter Tage mit der Sprengung begonnen wird (geht auf das Brennen der früher benutzten Zündschnur zurück)

brettern

schnell *fahren*, vgl. ▸nageln – »kein Wunder, wennse alle meinen, se müssten mit 90 übberde Alfredstraße brettern«

sich **bretzeln (vor Lachen)**
sich tot*lachen*, köstlich amüsieren

Briketts husten
eine heftige, ruhrgebietstypische Bronchitis haben; sich die Lunge
aus dem Hals *husten*

Brilli, Briller [Knastsprache]
Brillant, Fingerring / *Schmuck*

etwas **bringen**
verkürzt für: zustande bringen, etwas schaffen können – »brinxat
odda brauchsse Nachhilfe?« · **dat is der Bringer!** = das Gelbe vom
Ei, die geniale Problemlösung schlechthin / *gelingen*

Bröckchen husten, Bröckskes reden
sich *übergeben*, kotzen

Brocken
1. *Kleidung* **2.** *Kram*, insbesondere alle persönlichen Sachen,
die man irgendwohin mitnimmt – »hasse deine Brocken endlich
zusammen, dattwer los können?«

brötscheln, brotscheln
mit Muße braten – »letzten Samstach hat sich mein ▸Oller doch
tatsächlich selps sein Ahmtessen zusammengebrötschelt« / *Küche*

Brumm-
ein Gemüt wie eine Brummfliege haben = ein Gemütsmensch
sein, *gutmütig* und durch nichts aus der Ruhe zu bringen · **Brumm-**
sumse = **1.** [Kindersprache] Biene / *Tier* **2.** temperamentvolles,
unternehmungslustiges *Mädchen* · **Brummsuse** = schlecht gelaun-
tes, *nörgeln*des kleines *Mädchen*

Bubu machen
1. [Kindersprache] *schlafen*, ▸Heia machen **2.** Geschlechtsverkehr / *Liebe*

buckeln   siehe ▸puckeln

Buddiker [Betonung auf der 1. Silbe]
Kneipen*wirt*

Bude
kleiner Verkaufskiosk, im Ruhrgebiet flächendeckend verbreitet;
vgl. ▸Klingelbude, ▸Trinkhalle / *kaufen*

bügeln

Geschlechtsverkehr haben / *Sex*

Bulle

keineswegs nur (wie im übrigen Deutschland) abwertende, sondern auch völlig wertfreie Bezeichnung für Polizist – »gestern war mein Polo schon wieder platt, aber dann ham zwei Bullen angehalten und solange am Zündkabel ge▸friemelt bissesen widder am Laufen hatten« / *Polizei*

Bullemann

Fantasiefigur, mit der man Kindern *Angst* macht – »wennze jetz nich pariers, kommsse im Keller und dann holtich der Bullemann, da kannze aber drauf an« / *-mann*

Bullemännchen [Kindersprache]

Popel, den man sich aus der Nase geholt hat; wird gern zwischen Daumen und Zeigefinger gerollt und dann in Richtung Lehrerpult weggeschnippt / *Nasenschleim*

Bunke

Gauner, Rabauke, Unterwelttyp

bunkern

1. Vorrat anlegen 2. Anvertrautes unterschlagen oder zurückhalten / *unehrlich*

Butter bei die Fische tun

zur Sache kommen, das Wesentliche zur Sprache bringen, die Katze aus dem Sack lassen, eine Sache ernsthaft und mit vollem Einsatz betreiben / *richtig*

Bütterken [Plural; Bütterkes]

Butterbrot, (kleine) ▸Stulle / *Essen*

buttern [*Bergbau*]

sein Butterbrot essen, Essenspause machen / *Essen*

Cervinski

war dem ▸Kumpel Anton sein Kumpel. Nach ihm benannt ist die fiktive Ruhrgebiets-Sprachforscherin Dr. Antonia Cervinski-Querenburg (angeblich seine Tochter), unter deren Namen Rainer Bonhorst so köstliche Lehrbücher verfasst hat wie »Daaf ich ma am Rotkohl?« und »Daaf ich Sie noch ma wat lernen?« / *Name*

Chaot [Jugendsprache]

Trottel, der alles durcheinanderbringt oder außerstande ist, etwas zielstrebig zu tun/*verrückt*

Chicago Lügen

Würfel*spiel* (mit Knobelbecher und drei Würfeln)

Christ

frohen Christ! [Jugendsprache] = salopp für: fröhliche Weihnachten!

Ciska und Anna

scherzhaft für die Textilkaufhauskette C & A / *kaufen*

dä! [mit ganz kurzem ä]

triumphierender *Ausruf*, etwa im Sinne von: »dat hasse davon! Ich habbet doch gleich gesacht!«

Dachhase

scherzhaft für: **1.** Katze/*Tier*   **2.** nach einer Zechtour spät und auf leisen Sohlen heimkehrender Ehe*mann*

Dachtel

Ohrfeige / *schlagen*

dackeln

angedackelt kommen = unterwürfig heran*kommen*; auch: (aus der Sicht des Sprechers) gemächlich näherkommen, ohne sich bewusst zu sein, dass man bereits gesehen wird / *gehen*

dafür dat

etwa: angesichts dessen, dass – »dafür datte so früh komms bisse schon reichlich schicker!« / *Sprache*

Dahlbuschbombe [*Bergbau*]

1955 auf der Gelsenkirchener ▸Zeche Dahlbusch erbautes torpedoförmiges Gerät zur Bergung verschütteter Bergleute durch ein niedergebrachtes Bohrloch; ermöglichte 1963 beim Grubenunglück von Lengede die Rettung von elf Bergleuten zwei Wochen nach dem Unglück

Dämelskopp

Dummkopf, dämlicher Mensch, *Trottel* · **Dämlack** = wie Dämelskopp, aber etwas vorwurfsvoller

Dassel [mit stimmhaftem s]
Kopf; vgl. ▸Dez

daune
völlig *betrunken*, vgl. ▸duhn

davon ab
abgesehen davon, im übrigen – »davon ab tätich so einen wie Du
eh nix leihen« / *Sprache*

Deckel
einen Deckel machen = viel *trinken*, eine hohe Zeche machen,
anschreiben lassen

derb [Jugendsprache]
hart, bitter, schwer zu ertragen / *schlecht*

derben
rastlos und ziellos umherstreifen – »gestern binnich so lange inne
Citti rumgederbt bissich total geschlaucht waa« / *gehen*

Detlef, Detlev
Schwuler; auch Sammelbegriff: die Detlefs / *Homosexueller*

Deu
Stoß, Anstoß, Drehmoment (auch im übertragenen Sinn) – »nu
gib den Alfonx maln Deu datter auma mitti Omma ▸Kaludrigkeit
tanzen soll«

Dez
Kopf, vgl. ▸Dassel

Dier
dat arme Dier kriegen = das heulende *Elend* kriegen – »Mitleif
Kreißis, also dat is wennze so mitten im Lehm stehs, und auf eima,
da krissat arm Dier« · **lecker Dierken** = niedliches kleines *Mädchen*

diesen hier
weist auf eine Geste hin, die gleichzeitig vorgeführt wird, z. B.
1. (begleitet von einer drehenden Handbewegung, die einen *Dieb-
stahl* veranschaulicht:) »den Ferdi hamse bei Kaastadt inne Lehms-
mittelabteilung erwischt, wieer diesen hier gemacht hat« **2.** (mit
vorgestreckter Faust und hochgerecktem Daumen:) »wie willze bis
da denn hinkommen? etwa diesen hier?« = per Anhalter

Dilldopp

Kreisel, der entweder mit einer Peitschenleine angetrieben wird oder oben einen Stiel hat, der zwischen Daumen und Zeigefinger gezwirbelt wird / *Spiel*

Dingen

dat issen Dingen! = *Ausruf* der Überraschung oder Begeisterung über eine erstaunliche Begebenheit / *überrascht* · **Dingens** = *Dingsda*, wenn einem ein Begriff nicht einfällt · **Dingenskirchen** = *Dingsda*, wenn einem ein Name nicht einfällt

Direx [gesprochen: Dirrex; *Schülersprache*, veraltend]

Schuldirektor

dobsche [von polnisch dobrze = gut]

gut, prima, astrein – »dobsche, dobsche, trallala« (*Ausruf* des Entzückens, wenn etwas gut geklappt hat)

Docht

Zigarette

Dödel

Penis – »du glaupssat ja nich, abba gehma mitti Ilona in som Pährchenklupp: kaum gehtet Licht aus, fängtse am grabschen; ne richtige Dödelkrake is dat, kennzese nich wieder!«

Döllmer

Dummkopf, Döskopp, *Trottel*

Dollpunkt

springender Punkt, Kern- und Angelpunkt eines *Problems*

Domino spielen [veraltend]

an der Theke stehen und sich be*trinken* (von der plattdeutschen Aufforderung an den Wirt: »do mi no ein rin« = tu mir noch einen rein)

Donaldstuben

scherzhaft-euphemistisch für Schnellrestaurants der McDonalds-Kette – »Weisse ▸eingslich wie den Geschäftsführer vonne Donaldstuben in Ankara heißt?/nee, sarret!/Izmir Übel!« / *Imbiss*

Döneken [Plural: Dönekes]

amüsante *Erzählung*, *Witz* – »und dann hatter den ganzen Aamt widder Dönekes von seine Zeit beien Bund erzählt«

donnich

zusammengezogen aus: doch nicht · **donnix** = doch nichts / *Sprache*

Dopp

1. kleiner Junge; Plural: **Döppen**, Verkleinerungsform: **Döppken** / *Kind*   2. wien Dopp = fix, *schnell* (vgl. ▸Pitschendopp) – »wolltichen schon nache Werkstatt bringen, dattseman Vergaser durchpusten, aber jetz läufter widder wien Dopp – da kannichet auch bleim lassen«

Döppen [nur Plural]

Augen – »aams kannern Hals nich vollkrieg undann wundertersich datter morgens die Döppen nich aufkricht wenner auf▸Schicht muss« · **die Döppen aufsperren** = *aufpassen*, Obacht geben

döppen

1. Erbsen oder Bohnen aus den Schoten pulen / *Küche*   2. [Kindersprache] im Schwimmbad jemanden unter Wasser *tauchen*

Dörpel [veraltend]

Erhöhung oder Stufe vor der *Tür*

dösig

1. dümmlich, tranig / *Trottel* – »steh mir ▸donnich dauernd vorre Füße rum, du Dösigen«   2. auch zur Bezeichnung von Gegenständen im Sinne von: blöd, verdammt, vertrackt – »kannzenichma deine dösigen Schiher ausse Garage räumen?« / *schimpfen*

Döskopp

Dummkopf, *Trottel*; keine schwerwiegende Beleidigung, sondern eher eine freundschaftliche Ermahnung oder Rüge – »du ollen Döskopp, kannzenichma kucken wosse herlatschs?« · **Döspaddel** = *Trottel*, langsam denkender Mensch

Dötsch

Delle, *Beule*, leichte konkave Verformung oder Beschädigung – »weeng den Dötsch willzen neuen Kotflügel vom ▸Kalla sein Schrottplatz holen? siehsse doch gaanich wennenich grade von schräg kucks« · **Dötschauge** = blaues oder entzündetes *Auge*

dötschen

(ohne Regeln) *Fußball spiel*en, bolzen; vgl. ▸holzen, ▸pöhlen

Dötze, Dötzkes [nur Plural]

kleine *Kind*er · **i-Dötze** = **i-Männchen** = Erstklässler (weil der Buchstabe »i« der Sütterlinschrift als erster gelernt wurde); aus dem Munde von Zweitklässlern Ausdruck tiefster Verachtung

Draht

einen Draht aus der Mütze kucken haben / **da springt einem der Draht aus der Mütze** = knatsch*verrückt* sein

drämeln, dazu: drämelig   siehe ▶drömmeln

drangeben

aufgeben, etwas lassen, aufhören mit – »gibbet dran, du schaffset ja ▶donnich«

drauf an

da kannze drauf an = gewiss sein, sich auf etwas verlassen können – »wennich dich noch eima erwisch, datte hier kläuen tus, dann fliechsse hier achtkantig raus, da kannze drauf an« / *Bekräftigung*

drauf sein [Jugendsprache]

»in« sein, auf dem laufenden sein – »die Inge is echt drauf, da gibbet nix, die läuft schon seitne Woche mit diese neuen Dingers rum« / *gut*

Drehungen machen [Knastsprache]

Zigaretten drehen

Driet [plattdeutsch]

Scheiße, auch: Lehm, *Dreck*, Mist; im Ruhrgebiet auch noch in Zusammensetzungen gebräuchlich, z. B. **Driethus** (Scheißhaus, Lokushäuschen im Garten) / *Toilette*

drisseln [stimmhaftes s]

jemandem mit etwas hartnäckig in den Ohren liegen; nicht locker lassen, bis man das Gewünschte bekommt; ständig auf sein Anliegen zurückkommen und dabei lästig, aber nie massiv werden – »den Theo is schon seit zwei Wochen am drisseln dattern neues Farrat will« / *überreden*

drölig

langsam, klüngelig, ▶drämelig / *zerstreut*

drömmeln

langsam sein, herumklüngeln, etwas unkonzentriert tun und deshalb lange dafür brauchen (besonders bei Kindern) / *zerstreut*

Dröppel

liebevoll für: kleines, süßes *Kind*

Dröppelminna

1. Kaffeekanne (oft mit Abtropfschwamm an der Tülle) 2. auch: samowarähnliche Metallkanne / *Gefäß*

dröppeln

leicht *regnen*, aber nicht als Nieselregen, sondern in wenigen, größeren Tropfen

Dubbel

Butterbrot, ▸Knifte, insbesondere: halbierte, belegte und dann zusammengeklappte ▸Stulle / *Essen*

duhn

betrunken; als Steigerung auch: **schnirpeduhn**

dulle, Dullmann

dämlich; *Trottel* – »bisse dulle?« / *-mann*

Dulle

Bezeichnung für die Herz 10 beim Doppelkopf / *Spiel*

Dummbatz

Dummkopf, *Trottel*

Dünnbrettbohrer

1. jemand, der den Weg des geringsten Widerstands wählt
2. jemand, der sich lange mit nichtigen Problemen abgibt / *Pedant*

Dünnflitsch, Dünnpfiff, Dünnschiss

Durchfall

düpsen [Kindersprache]

hauen, *schlagen*, verdreschen

Durchblickerlehrgang

auf dem Durchblickerlehrgang (in Zwiesel) gewesen sein =
(ironisch:) ein schlaues Kerlchen sein, Durchblick haben, etwas durchschauen – »dat habterwohl in Zwiesel auffem Durchblicker-lehrgang nichehabt, wa«? (Zwiesel = Sitz bedeutender Glashütten

und des staatl. Berufsbildungszentrums für Glas); vgl. ▸Ambach /
schlau

durcheinander
bezeichnet als nachgestelltes Umstandswort eine bestimmte Zube-
reitung von Gemüse: Möhren durchenander, Wirsing durchenander = zusammen mit Kartoffeln gekocht; vgl. im Gegensatz dazu:
▸gestuft / *Küche*

Durchfallbronn
scherzhaft für die Essener Mineralwassermarke »Burg-
wallbronn« / *Getränk*

sich **durchfrickeln**
etwas mehr schlecht als recht schaffen, sich durch etwas hindurch-
mogeln (insbesondere durch eine Prüfung) / *unehrlich*

durchknallen
durchbrennen, durchschlagen (Lampe, Sicherung, Ventil) / *kaputt*

Dusseldier [stimmhaftes s]
Dummkopf, Schlafmütze, *Trottel*

Duwenvadder
Taubenvater; plattdeutsche, im Ruhrgebiet nach wie vor gebräuchliche Bezeichnung für Taubenzüchter und Freunde des (früher vor
allem unter Bergleuten verbreiteten) *Brieftauben*sports

Earnie [sprich: Örni; aus der »Sesamstraße«]
1. schussliger, aber liebenswürdiger *Mensch*, den man nicht ganz
für voll nimmt / *Trottel* **2.** großer *Gegenstand*, z. B. dicker Pickel,
Beule am Kopf

ebent, ehmt
1. für kurze Zeit – »ich bin mal ehmt wech« / *schnell* 2. bestä-
tigender oder triumphierender *Ausruf* »ehmt, sarrichdoch!« vgl.
▸ehmkes

echt
fast bedeutungsloses *Bekräftigung*swort – »da fällt dir doch echt nix
mehr ein« · **in echt** [Kindersprache] = wirklich, tatsächlich, wahr-
haftig: »in echt? weisse dat auch ganz genau?«

egal ist achtundachtzig

unwirscher Vorhalt, wenn jemand auf eine Frage nur »ist *egal*« antwortet (weil 88 immer gleich aussieht, auch von rechts nach links oder auf dem Kopf)

ehmkes, ehmt

mal eben, *schnell; vgl.* ▸ebent

ehsse

bevor, ehe du – »der knallt dir doch ein vorn Latz ehsse Papp saang kannz« / *schnell*

Ei

dickes Ei = ein Lapsus oder eine Unverfrorenheit, die sich jemand geleistet hat / *unverschämt* · **ach du dicket Ei** = *Ausruf* des Erstaunens oder Erschreckens / *überrascht* · **da kannzen Ei drüberschlagen/drüberhauen** = taugt nichts, ist nichts wert (von Sachen und Personen) / *schlecht* · **und en Ei aussen Komsun** siehe ▸Konsum

Eierberg

Bordell, Puff / *Prostitution*

Eierfeile, Eierkitsche

altes, kleines, unansehnliches, klappriges *Auto*

eiern

gehen, laufen – »meinzenich ich sollma mit dem ▸Ulligen besser zum Aazt eiern?«

Eimer

auffen Eimer gehen = zur *Toilette* gehen · **passt wie Arsch auf Eimer** = passt genau, hat exakt die *richtig*en Abmessungen

Einbruch [*Bergbau*]

keilförmig in die vordere ▸Stollenwand (die sog. »Ortsbrust«) getriebenes Loch, in das der Sprengsatz gesteckt wird, um das Gestein zu lösen

eingslich [typisches *Einschub-s*]

eigentlich (im Sinne von: übrigens, überhaupt) – »weisse eingslich wie alt die is?«

sich **einkriegen**

wieder normal werden, sich abregen – »Mensch krich dich ein, so schlimm isset ja nu ▸onnich«

sich **einmuckeln**

sich in etwas Warmes, Weiches (Bettzeug, Wolldecke, Pelzmantel) hinein*kuscheln*, so dass nur noch die Nasenspitze herausschaut

einpannen

einschüppen, hinein*schaufel*n

einschenken [Knastsprache]

jemandem einen einschenken = jemandem einen Hieb ins Gesicht versetzen / *schlagen*

einstielen

eine Sache richtig einstielen = etwas *richtig* anfangen, den richtigen Aufhänger für etwas finden, ein Vorhaben von Anfang an in die richtigen Bahnen lenken, den allein richtigen ersten Schritt tun – »▸hömma, deinen Zuschussantrach müsse vor allem richtig einstielen, frachma den ▸Günna wie der dat damals angeleiert hat« / *anfangen*

einwämsen [von: Wams]

1. Tür oder ähnliches ein*schlagen*   **2.** jemandem etwas einprügeln

ej [Aussprache wie ~~aid~~skrank oder ~~Mars~~eille, verlangt den 4., den »Anrede«-Fall]

Anrede, Verlegenheits- und Füllwort – »ej, ▸Rotzigen, kannzemirma saang woet hier ej ▸nachen Haupanof geht?«; vgl. (wenns denn unbedingt sein muss) ▸ey / *Ausruf*

Emscher

zwischen Ruhr und Lippe verlaufender Nebenfluss des Rheins; diente lange Zeit als offener Abwasserkanal des Ruhrgebiets · **riecht wie Emscher!** bedeutet, dass der Sprecher deutliche Nuancen von Phenol-, Fäkal- und Dieselgeruch nebst einer feinen Schwefelnote zu erkennen glaubt / *stinken*

entsteißen

jemandem etwas entsteißen = jemandem etwas *abnehmen*; vgl. aus dem ▸Kreuz drehen/leiern

Erbstollen [*Bergbau*]

Entwässerungs- oder Bewetterungs▸stollen mehrerer Grubenfelder; für die zum Bau und zum Betrieb notwendigen Kosten wurden die

Anteilseigner aller ▸Zechen, die von der Anlage profitierten (die »Beerbten«) herangezogen

Erich
Schwuler (vorne ER, hinten ICH) / *Homosexueller*

Ernst Kuzorra seine Frau ihr Stadion
zum geflügelten Wort gewordene Erwiderung von Johannes Rau auf den Vorschlag, *Fussball*stadien auch mal nach einer Frau zu benennen: »Wie soll das denn dann heißen? etwa Ernst-Kuzorra-seine-Frau-ihr-Stadion?«

Erpel [langes, offenes ä]
Erdapfel, Kartoffel [Plural: Erpels] · **Erpelschlut** = Kartoffelsalat / *Essen* · **Erpelschulte** = (unter Älteren noch populäre) Figur des dicken Kartoffelhändlers aus der Kolumne ▸Pottkieker / *Name* · **Erpelstämmer** = Kartoffelstampfer / *Küche*

Ersatzreifen
scherzhaft für: Fettwulst, der beim Zusammendrücken der *Bauch*decke entsteht (im fortgeschrittenen Stadium auch schon beim Hinsetzen); vgl. ▸Michelinreifen

Eschek
verächtlich für: Türke, Orientale, *Ausländer*

Eskimo
das haut den stärksten Eskimo vom Schlitten = umwerfend neu, stark, großartig / *gut*

ess!
allein geläufige Form von »iss!« – »ess auf, wat wech is is wech!« / *Essen*

Essigpisser
Beamter, Schreibstubenhengst, verknöcherter *Bürokrat* / *Pedant*

Esskohle [*Bergbau*]
kein Nahrungsmittel, sondern eine fast rauchfreie Steinkohleart, als Hausbrand und für die Essen der Schmieden geeignet

ette, etteken
Kose- und Ersatzwort (nicht: Anrede) für *Frau/Freundin/Kind* – »kumma, etteken da, wiese mit ihre kurze Beinkes los▸feckelt«; vgl. ▸Immchen

Eumel

1. *Kind*   2. liebenswürdiger *Trottel*

Euro [veraltet, aus der Zeit vor der Euro-Einführung]
salopp für: Euroscheck / *Geld*

Experte

meist ironisch für jemanden, der etwas völlig falsch gemacht hat; gutmütiger Vorwurf – »du bis ▸vielleichten Experte, ▸hömma, jetz kann ich die ganze Datei ▸nomma neu fommatieren« / *Versager*

extra

absichtlich – »ich glaub, der hat dat extra gemacht«

ey

von irgendeinem Transliterations-Weich-Ey aus der Lautschrift eingeführte Schreibweise von ▸ej, die zu vermeiden ist, weil sie vom Leser analog »Baldeneysee« und »Essen-Bredeney« phonetisch als »ei« gedeutet werden könnte (wie in der Ruhrgebiets-Kindersprache: »mach dat Wau ma ei!« = streichle mal den Hund). Un dat wär, ▸boah glaubsse, en ▸zimmich dicket ▸Ei! / *Ausruf*

fahren [*Bergbau*]

jede Art der Fortbewegung unter Tage, sei es zu Fuß oder mit einer Grubenbahn. Der Bergmann geht nicht, er fährt. Das hat er seltsamerweise mit Ballonfahrern gemeinsam, die auch empört reagieren, wenn ein Laie sie fragt, ob er einmal »mitfliegen« dürfe.

Fahrsteiger [*Bergbau*]

Berufsbezeichnung im *Bergbau*, allgemein respektvoll als Rangmaßstab verwendet – »unser Neffe ist Ministerialrat!/is dat mehr wie Fahrsteiger?«

Fahrte [*Bergbau*]

Leiter im ▸Schacht

sich die Falten aus der Hose bügeln

sich (aus Langeweile) ausgiebig mit Unnützem beschäftigen – »komm ej, wir ham nichen ganzen Tach Zeit, um die Falten ausser Hose (vulgär: aussem ▸Sack) zu bügeln« / *langweilig*

fäntern

schnell laufen, besonders mit kurzen, raschen Bewegungen / *gehen*

Faxenheinz

Dummkopf, unseriöser Mensch / *Trottel*

Feckel

1. Laufsteg, der zum Hühnerstall führt   **2.** auch: Hühnerstall (Haunerfeckel)

feckeln, kafeckeln

schnell laufen, insbesondere mit kurzen Beinen – »sollzema sehen wie der ▸Eumel die Pämpers schmeißt und quer übbern Strand feckelt« / *gehen*

fegen

eine gefegt kriegen = eine *Ohrfeige* bekommen / *schlagen*

Feige

Kopf, Gesicht, Fresse, unsympathische Visage – »Mann, hat der ne Feige, son Gesicht gehört doch inne Hose«

Ferken [Plural: Ferkes]

Schweinchen, Ferkel · **rangehen wie Ferkes Willem (anne Block-wuast)** = sich trauen, mit Schwung loslegen / *energisch*

Fernseh

wie TV (sprich: Tiwwi) ein Sammelbegriff für *Fernsehgerät*, Fern-sehprogramm und das Fernsehen allgemein – »wat gibbet heute ahmt im Fernseh?« / *Fernsehgerät* · **Fenseh kucken** = fernsehen

Fetze [Jugendsprache]

die Fetze sein = ganz toll, aufregend, sensationell – »dat is total die Fetze, wenn den Langen auffe Fête in Schwung kommt un, blau wie er is, am singen fängt« / *gut*

Feudel

Aufnehmer, Wischtuch · **feudeln** = Staub *putzen*, reinemachen

Fez

Unsinn, ▸Bohei – »mach kein Fez!«

fiegegrün

Farbbezeichnung für ein kräftiges Tannengrün, die Markenfarbe der Bochumer Brauerei Moritz Fiege

fies für sein, fies vor sein

sich ekeln – »dat macht die ▸donnich, da isse doch viel zu fies für« / *empfindlich*

fieseln

kritisch und genau untersuchen, auseinandernehmen, *pedant*isch herummäkeln – »watt bisse widder am rumfieseln und stochern? da is doch gaakein Fettrand mehr am Rossbiff«

Fiffi

1. [Knastsprache] billiger Wermut, Wein oder Schnaps / *Getränk* **2.** Perücke / *Haar*

filmen

jemanden filmen = **1.** reinlegen **2.** auch: jemanden nasführen, jemandem etwas vormachen / *unehrlich*

fimmelig

übertrieben kleinlich, *pedant*isch, manieriert

finito!

aus, *Schluss*, vorbei / *Ausruf*

finnig

listig, mit allen Wassern gewaschen, durchtrieben / *schlau*

Firlefanz

unnötiges Beiwerk; auch: Aufhebens, überflüssige Hektik / *übertreiben*

Fisch

1. [*Bergbau*] langes, schmales Gesteinsstück **2. Butter bei die Fische tun** siehe ▸Butter

Fissel [stimmhaftes s]

Fussel, *Fasern*, Haare, winzige Reste, winziges Ding, *Stummel* – »und wennze drei Stunden am Stück sauchs, die Fissels krisse von som Teppich nich ab, da müsse dich schomma bücken unte Fingerkes nehm« · **Fisselkram** = Nebensächlichkeiten; überflüssiges oder für grobe Bastlerhände zu winziges technisches Beiwerk, vgl. ▸Friemelzeug / *klein*

fisseln [stimmhaftes s]

leicht *regnen* (feiner Dauer- oder Nieselregen)

Fissematenten [stimmhaftes s]

Ausflüchte, Ziererei, Sperenzchen / *Unsinn*

Fitsch

vorteilhaftes *Geschäft*, guter Fang, preiswerter Kauf – »gestern habbich im Ein-Euro-Shop widdern tollen Fitsch gemacht«

fitschen

schnell laufen – »hier hassen ▸Tacken, fitsch anne ▸Bude und hol
▸Klümmkes« / *gehen*

Fitzebohnen

Schnittbohnen, von Hand oder in speziellen Bohnenmühlen in
schräge Streifen geschnitten / *Essen*

Fitzemann

Kind, kleiner Kerl, pfiffiger kleiner Junge / *-mann*

Fitzken

kleines *Stück*, das Endchen von etwas

Flabes, Flappmann, Geflappter

Halbgescheiter, Idiot, *Trottel*

Flatschen [mit langem a]

großes flächiges unangenehmes Etwas – »nur wehng som Flatschen
Vogelscheiße aufe Kühlerhaube brauchsse ▸donnich inne Waschan-
lage. Hier, nimmen Tempo!« / *Dreck*

Flattermann

1. Brathähnchen (»mit ▸minnigens 20.000 Flugstunden«) /
Essen / *-mann* **2. einen Flattermann machen** [Knastsprache] =
aus dem Gefängnis ausbrechen, fliehen / *weggehen*

Flautsche

Leder- oder Gummi*fussball*, dem die Luft ausgegangen ist

Fleppe

1. eine Fleppe ziehen = ein betrübtes oder *beleidigtes* Gesicht
machen – »Mensch dann kuckdoch dein Scheißfußball! wennze
die ganze Zeit sonne Fleppe ziehs habbich auch kein ▸Schnief mehr
für im Kino zu gehen« vgl. ▸Flunsch, ▸Fluppe / *Gesichtsausdruck*
2. Fleppe = *Papier*, Ausweis, speziell Führerschein – »wennze die
Fleppe unbedingt wechenommen krieg willz, dann fahr doch los,
du ollen Suffkopp«

Fletsch

Kappe, Schiebermütze / *Kopfbedeckung*

Fletsche

Schleuder (Zwille), mit der man kleine Steine verschießen kann, z. B. eine Astgabel, zwischen die ein starkes Gummiband (optimal: mit einem Lederflicken in der Mitte) eingespannt wird

flippig

ausgeflippt, *unkonventionell*, spontan

Flitsch

glitschige, meist eklige *Masse*; insbesondere etwas, auf dem man ausrutschen kann – »ich les jetzen Sseienz Fickschen wo die Ejliens aus son quabbeligen Glibber sind, sone Art Horrorflitsch, der an eim hochkriecht und dann bisse kaputt ▸ehsse kucken kannz« / *Schmutz*

Flitzebogen

krumm wien Flitzebogen = schlechte *Körper*haltung – »steh nich rum wien Flitzebogen, wie siehtatenn aus«

Flörch

geräuschvoll abgehusteter (»heraufgeholter«) und ausgespuckter, insbesondere zusammenhängender *Husten*schleim – »watisdat: hängt anne Wand, is gelb und sinkt? nee, kein Kanarienvogel; dat issen Flörch«

Flöte

Flötekessel = Wasserkessel mit Pfeifaufsatz / *Küche* · **Flötepiepen!** = *Ausruf*, der einen *Fehlschlag* kommentiert, vgl. ▸Hustekuchen

Flöz

[*Bergbau*] parallel zur Gesteinsschichtung verlaufende (Erz- oder) Kohleschicht

fluddelig

abgegriffen (Geldschein, Groschenheft) / *unansehnlich*

Flügeletui [veraltend]

»Ast«, Buckel eines verwachsenen Menschen / *Körper*

Flummi [Kindersprache]

kleiner Ball aus Hartgummi, der besonders gut ▸tuppt (beliebtes Kinder*spiel*zeug)

Flunsch

aus Enttäuschung verzogener *Mund*; vgl. ▸Fleppe, ▸Fluppe / *Gesichtsausdruck*

Flunschaugen

weiche Kontaktlinsen / *Augen*

Fluppe

1. *Zigarette* **2.** Schmoll*mund*, vgl. Fleppe, Flunsch / *Gesichtsausdruck*

fluppen

laufen wie geschmiert, mühelos *gelingen* – »Irnxwie flupptat heute nich wiet soll«; vgl. ▸flutschen

Flurschadenbretter

riesige *Schuhe*; vgl. ▸Kindersärge

flusen

ohrfeigen, ins Gesicht *schlagen*, leicht und mahnend auf den Hinterkopf schlagen

flutschen

1. vgl. ▸fluppen / *gelingen* **2.** rasch durch eine Öffnung hinablaufen – »Dat Pils flutscht heute besonders gut«

Föhn

einen Föhn kriegen = Zustände kriegen, zuviel kriegen, etwas nicht mehr mit ansehen können / *Ärger*

Fott [die Fott; auch: Futt]

1. *Hintern* **2.** oft (in Zusammensetzungen) allgemein für *Mensch*, z. B. ▸Meckerfott, ▸Rappelfott

Fottfinger

schmutzige Hände, insbesondere im Zusammenhang mit der Ermahnung, die Finger von etwas zu lassen – »nimm deine Fottfinger von meim Eifon, du ▸Seger!« / *Hände*

Föttken [das Föttken]

liebevoll für: (kleines) Hinterteil; stellvertretend auch für das ganze *Kind* / *Hintern*

Freier

1. allgemeines harmloses Schimpfwort (»komischer Freier«) / *Mann* **2.** Kunde bei *Prostituierten*

Fressalien

Essbares / *Essen*

Fresse!

1. unmissverständliche Aufforderung, den Mund zu halten.

2. meine Fresse! *Ausruf* des Erschreckens oder der Verwunderung

freuen

lach nich, freu dich anders – meist in dieser Form vorkommender »Spruch«; auch: **freu dich, kauf dirn Bagger mit Beleuchtung**

Friede, Freude, Eierkuchen

ironische Redensart, Bezeichnung für völlige *Eintracht* nach vorausgegangenem Streit

friemeln

umständlich und in Kleinarbeit etwas *basteln* oder bewerkstelligen – »da krisse ja ein am Appel bisse die Scheißstrippe im Schukostecker reingefriemelt hass« · **Friemelzeuch** = alles, was wegen seiner geringen Größe geschickte Hände verlangt, vgl. ▸Fisselkram / *klein*

Frierpitter

Mensch, der leicht fröstelt oder friert / *wehleidig*

fringsen [frühe Nachkriegszeit]

für den eigenen Notbedarf geringe Mengen Lebensmittel oder Kohlen (von Güterzügen) stehlen; der Begriff geht auf den Kölner Kardinal Frings zurück, der dafür in seiner Silvesterpredigt 1946 Verständnis äußerte / *Dieb*

frisch machen

jemanden frisch machen = **1.** jemanden auf Trab bringen, scheuchen / *schimpfen* **2.** jemandem die Ohren langziehen / *schlagen* **3.** auch: jemanden anmachen, aufgeilen / *lüstern*

Fritten

Pommes, »Pommfritz« / *Essen* · **Frittenstall** = *Imbiss-*, Pommesbude

Frollein

von Grundschulkindern verwendete Bezeichnung für ihre Lehrerin (gleichgültig, ob diese verheiratet ist oder nicht); der Hinweis, man wolle mit »Frau« angeredet werden, führt bestenfalls zu Kompromissen wie: »Frollein Frau Overbeck« / *Lehrer*

Frosch [*Bergbau*]

im 18. und 19. Jahrhundert gebräuchliche offene Grubenlampe aus Blech / *Lampe*

Fuchs [veraltend]

50-Pfennig-Stück / *Geld*

Fuchser

*geizig*er Mensch, Pfennigfuchser

fuchtig

wütend, gereizt / *Ärger*

Fuffi [veraltend]

50-Mark-Schein / *Geld*

Fuffzehn

kurze Fuffzehn machen = ohne Umstände *Schluss* machen, kurzen Prozess machen, etwas *schnell* zu Ende bringen

Führerschein

der hat seinen **Führerschein doch auffe Rolltreppe** (auch: **bei** ▸**Aldi**) gemacht = der fährt wie ein Idiot / *fahren*

Fummel

leichtes oder durchsichtiges *Kleidung*sstück, entweder billig oder exzentrisch, frivol

Fummelbunker

*Spiel*hölle, Flipperbude (nicht: Tanzschuppen!)

Fünflöcherarzt

Otorhinolaryngologe (Hals-, Nasen-, Ohren*arzt*)

Funzel

*langweilig*er, dummer, nicht aktiver Mensch – »hasse widdert ganze Wochenende vorde ▸Glubschkiste gehangen, du trübe Funzel du?«

für

1. kann (im Gegensatz zum Hochdeutschen) mit jedem weiteren Verhältniswort gekoppelt werden: »holmaen bisken Aufschnitt für auffet Brot« – »happter nix für am Krissbaum zu hängen?« – »hamse wat für gegenen Schnupfen, aber mit ▸ohne Menthol?« / *Sprache* **2.** ersetzt in Verbindung mit »sagen« das Verhältniswort »zu« – »Anton, sachtä ▸Cervinski für mich ...« (der klassische Anfang jeder »▸Kumpel Anton«-Kolumne von W. H. Koch in der

▸WAZ · **geht nix für ...** = es geht nichts über ... – »kannze sagen watte willz: geht doch nix füren heißen Wörlpuhl und dann anständig sich ein reintun« / *gut* · **für gut** = für besondere Anlässe – »die Jacke mitti ausgebuffte Tasche links kannzaber nich nehm für gut, ährlich, siehsse mit aus wien Drässmän vonne Kleidersammlung« / *Kleidung*   **3. da kann ich nix für** = das ist nicht meine *Schuld*

Fürst
    schräger Fürst = harmloses Schimpfwort oder allgemeine Bezeichnung für einen sonderbaren, eigenwilligen, unzuverlässigen oder mit dem Odium des Unseriösen behafteten *Mann*

Furz-
    Fürzepüppel = *klein*wüchsiger *Mensch* · **Furzknoten** = herablassende, abwertende Bezeichnung für jemanden, den man nicht für voll nimmt, insbesondere unter Jugendlichen für jüngere oder kleinere *Kinder* · **Furzknubbel** = eher zärtliche Bezeichnung für ein kleineres *Kind*

Fuschzettel
    Spickzettel, heimlich zur Prüfung mitgenommener Merkzettel / *täuschen*

Füße
    wat anne Füße haben = *reich* sein, betucht sein, einer vermögenden Familie angehören

Fussel [mit stimmhaftem s]
    Fadenrest / *Fasern*

futschicato (perdito)
    weg, futsch, nicht mehr da / *verlieren*

Fuzzi [Figur aus einer US-Westernserie, veraltend]
    seltsamer *Mensch*, den man nicht ganz für voll nimmt, der eine »Macke« hat oder sich sonst auffällig benimmt

Galoschen
    Schuhe, Stiefel

Galotte
    knielange graue Bergmannsunterhose / *Kleidung*

Ganeff [aus dem Jiddischen]
Dieb, Gauner

gau [plattdeutsch]
schnell (wird von Älteren noch gebraucht) – »dann mussichma gau
rennen«

Gebetbuch
das richtige/falsche Gebetbuch haben = zur »richtigen« / »falschen« politischen Partei gehören / *Politik*

gebongt!
einverstanden, abgemacht! / *Ausruf* · **gebongt haben** = begriffen
haben / *verstehen*

Gebrassel [stimmhaftes s]
viel *Arbeit*, Hektik

Gedatschter [Jugendsprache]
zwei Brötchenhälften, zwischen die ein Negerkuss gequetscht
wird / *Essen*

Gedeck
vorgeschriebene *Getränke*kombination oder Mindestbestellung in
Diskotheken, Animierlokalen, z. B. 1 Pils und 1 Korn

gediegen!
1. eigenartig, absonderlich, merkwürdig **2.** *Ausruf* oder auch
Kommentar zu einer männlichen Person – »dat issen Gediege-
nen!«

Gedöns [langes ö]
1. Aufhebens, Getue um etwas / *übertreiben* **2.** überflüssiger
Krim*skram*s

Gefick
krummes Gefick = derb verächtlich für einen *klein*en oder missge-
stalteten *Menschen*

geflappt
gleich krisse ein geflappt! = scherzhaft-liebevolle Androhung einer
Ohrfeige

Geflappter siehe ▸Flabes

im Gegentum

scherzhaft für: im *Gegenteil* – »ich und en Matscho? Im Gegentum – ich waa schon immer für Frauenpaakplätze gewesen. Ich mein sogaa die solltense ▸ruich noch wat breiter machen«

gehoppt wie gesprungen

egal, Jacke wie Hose

geiern

laut und lang anhaltend *lachen*, insbesondere aus Schadenfreude · **auf etwas geiern** = gierig auf etwas warten oder *lauern* / *Verlangen*

Geige

20-DM-Schein (wegen der auf der Rückseite abgebildeten Geige) / *Geld*

gekniffen sein, der Gekniffene sein

in einer ausweglosen oder misslichen Lage sein, ausgetrickst worden sein; vgl. die ▸Arschkarte gezogen haben / *unangenehm*

Gelber

*Krank*enschein (wegen der Farbe des Vordrucks)

Geleucht [*Bergbau*]

Grubenlampe(n) / *Lampe*

Gelsenkirchener Barock

allgemeine abfällige Bezeichnung für monumentalen *Kitsch*, insbesondere Möbel undefinierbaren Stils / *Möbel*

Gelulle

Unsinn, Geschwätz

Gepröddel

Durcheinander, *Unordnung*; etwas ineinander Verfilztes, ein kaum zu entwirrendes Knäuel – »hätzema sehn solln wie den Heinz sich die ▸Ohren gebrochen hat alzer sichen Knopp annähn musste! und wattat Schönste is: alzer fettich waa und hinten dat Gepröddel abgeschnitten hat, is der Knopp vorne wieder abgefallen«

Gequetschte

und 'n paar Gequetschte = Pfennig- bzw. Centbeträge; letzte Ziffern einer größeren Zahl – »Fümmenzwanzich Euros unten paar Gequetschte habbich für dat Kordong Blö gelöhnt« / *Geld*

Gerät

heißes Gerät = abwertend-anerkennend für ein sexuell attraktives *Mädchen*

Gereck

langes Gereck = langer, dürrer *Mensch* – »der kann doch ausse Dachrinne saufen, dat lange Gereck«

geregelt

etwas **geregelt kriegen** = etwas begreifen, auf die ▸Reihe kriegen – »also ährlich, dat krichichnich geregelt! wenn du jetz mittem Willi seim Auto zurückfährss und ich die Lotti abholen soll, wie kommt dann der Willi morng pünktlich auf ▸Schicht?« / *verstehen*

geschenkt!

Ausruf, mit dem man jemandem das Wort abschneidet, um ihm klarzumachen, dass jedes weitere Wort (im positiven oder negativen Sinne) überflüssig ist

Geschlönz [kurzes ö]

Innereien, Gekröse; im übertragenen Sinne auch: Kabelwirrwarr, Verdrahtung in elektronischen Geräten / *Unordnung*

Geschoss

(schweres) Geschoss = stark wirkendes Medikament, insbesondere Schmerzmittel, Antibiotikum oder Tranquilizer

Gesicht

jemandem fällt etwas aus dem Gesicht = jemand erbricht sich – »alzer nach Hause gekommen war, warer schon so breit datten dat Ahmtessen gleich widder aussem Gesicht fiel« / sich *übergeben*

Gesocks

Pack, Gesindel

gestuft

gestuft kochen = Gemüse, Kartoffeln und Fleisch getrennt zubereiten (im Gegensatz zum schlichten »▸durcheinander«) / *Küche*

getz

häufig vorkommende Aussprache von: jetzt / *Sprache*

Gewerkschaft [*Bergbau*]

bis zur Zwangsumwandlung 1985 verbreitete Rechtsform eines Bergbauunternehmens (»bergrechtliche Gewerkschaft«); siehe auch ▸Kux

Gezähe [*Bergbau*]

1. Sammelbezeichnung für das Arbeitsgerät eines Bergmanns; vgl. auch ▸Schlägel und Eisen **2.** auch scherzhaft für: Essbesteck / *Werkzeug*

Ghia   siehe ▸Karmann Ghia

gibbeln

albern kichern; insbesondere Mädchen, die die Köpfe zusammenstecken und hinter vorgehaltener Hand kichern / *lachen* · **Gibbeltante** = *Mädchen* oder Frau, die ständig albern kichert / *lachen*

Gierschlund

gieriger Mensch, der den Hals nicht vollkriegen kann; insbesondere jemand, der viel und hastig trinkt / *Verlangen*

gigstern

albern *lachen*, herumkichern

Gitsche

Auto

GlaBotKi

Schlagwort für den im Rahmen der kommunalen Gebietsreform 1975 erfolgten Zusammenschluss der Städte Gladbeck, Bottrop und Kirchhellen, der auf Klage der Stadt Gladbeck vom Oberverwaltungsgericht Münster wieder aufgehoben wurde / *Ortsnamen*

glatt

tatsächlich, auf Anhieb, total – »der is doch glatt drauf reingefallen/ hat den Sessel doch glatt im Kofferraum gekricht/hattat glaubich glatt vergessen« / *sehr*

Glimmer [Jugendsprache]

Schwips / *betrunken*

Glocken

(voll) **einen anne Glocken kriegen** = **1.** begeistert sein, etwas verrückt, fetzig finden, high werden / *gut* **2.** einen treffsicheren, entscheidenden *Schlag* abkriegen

Glubsche, Glubschkiste
  Fernsehgerät; vgl. ▸Fernseh

gnatschen [kurzes a]
  lautmalerisch für das *Geräusch,* das entsteht, wenn man ▸Glibber in
  der Faust zerdrückt

göbeln
  sich *übergeben* (weniger vulgär als »kotzen«) – »musse göbeln?
  schnell, ▸fitsch am Spülstein«

gofeln
  (*Zigarette*) rauchen

Gottfriedkuhlmann!
  Vermeidungsform für einen Fluch / *Ausruf*

grade, grad ehmt
  soeben, vor wenigen Sekunden – »ich weiß, grad ehmt hatter mir
  den Spielstand durchgesimst. Son Scheiß aber auch. Und sowwat
  galt ma als unabsteigbar!« / *schnell*

Graf Koks (**von der Gasanstalt,** auch: **vonne Emscher**)
  Großkotz, *Angeber,* eingebildeter Mensch; auch: **Graf Rotz** (**von
  der Backe**) / *Name*

Granate
  1. Flasche Bier / *Getränk*   **2.** unhaltbarer Schuss beim *Fussball*
  3. heißes *Mädchen*

Griffel
  den Griffel weglegen = *sterben,* den Löffel abgeben

Grommik
  langer, dürrer *Mensch,* langer Lulatsch

Grubenstempel [*Bergbau*]
  Stützelement für das ▸Hangende; früher aus Holz, heute als
  Hydraulikstempel aus Metall

GRUGA
  Erholungspark in Essen, Abkürzung von: **Gr**oße **RU**hrländische
  GArtenbauausstellung (1929); zahlreiche Ableitungen: Grugabad,
  Grugabähnchen, Grugahalle, Grugaturm usw. / *Ortsname*

Grugawagen

Funkstreifenwagen der Essener *Polizei* (wegen des im Polizeifunk verwendeten Rufnamens): »Gruga 19 an Gruga, wat gibbet?«

grüne Minna

vergitterter *Polizei*wagen für den Gefangenentransport; früher stets dunkelgrün

Gulpopo

scherzhaft für: Gulasch / *Essen*

Gummel

auffällig große oder krumme *Nase*; Zinken

Gummitwist

bei kleinen Mädchen beliebtes Hüpf*spiel* mit um die Beine gelegten Gummibändern

Günna

Ruhrgebietsvariante von: Günter / *Vornamen*

Gurke

salopp für: Bordell, Puff / *Prostitution*

Gusch(e)

Maul, *Mund* – »halt die Gusche«

gut

1. *sehr*, reichlich, ordentlich (zur Bekräftigung bestimmter Eigenschaftswörter, insbesondere von »warm« und »voll«; meist mit ironischem Unterton) – »hier isset aber gut warm bei euch inne Bude« – »auffer Rückfahrt waret gut voll im Abteil« **2. Gut Flug!** = *Gruß*formel der *Brieftaube*nzüchter

Haare

sich etwas in die Haare schmieren können = etwas wegwerfen oder vergessen können, weil es nichts taugt / *aufgeben*

Hacke

Allerweltswort meist negativer Bedeutung – »**verdammte Hacke!**« / *Ärger* / *Ausruf*

hacken

ich glaub es hackt! = *Ausruf* des ärgerlichen Erstaunens – »ich glaub et hackt! willzewohl die Fingers ausse ▸Worzestersose lassen? wie wennze hier bei ahme Leute wärs« / *Ärger*

58

Hacken

einen inne Hacken haben = *betrunken* sein

Hackenporsche   siehe ▶Zwiebelporsche

Hahnepampel

mildes Schimpfwort für einen *ungeschickt*en oder schlaksigen *Menschen*

Halbgeflappter   siehe ▶Flabes

halblang

nu machma halblang! = mäßige dich, *übertreib* nicht so / *Ausruf*

Halligalli [wohl von »hully gully« (Tanz)]

1. High Life, überschäumende Stimmung und Aktivität   **2.** [Knastsprache] gemütliches Zusammensein / *feiern*

Hammer

1. etwas Unerwartetes, Schweres, Ärgerliches oder auch im positiven Sinne Überraschendes – »dat is ja voll der Hammer!« / *überrascht*   **2.** erigierter *Penis*, »Ständer«

Hämorrhoidenschaukel

altes *Auto* mit defekten Stoßdämpfern

Handgurke, Handpuste [*CB-Funkersprache*]

Handfunkgerät, Walkietalkie

Hängen

dann is Hängen im ▶Schacht! = dann steht man dumm da, dann geht nichts mehr / *Problem / unangenehm* · **Hängen!** = Kommando für das Herablassen des Förderkorbs / *Bergbau*

Hangendes [*Bergbau*]

über dem ▶Flöz liegende Gesteinsschicht, vgl. ▶Liegendes

Hänger

*schlapp*er oder *langweilig*er Mensch, mit dem nichts anzufangen ist

happig

1. knauserig, *geizig*   **2.** unverschämt *teuer*

wie Harry

besonders intensiv, schlimm – »der Ofen hat gequalmt wie Harry« / *sehr*

59

Hasenbrot
wieder mitgebrachtes Pausenbrot / *Essen*

Hassan
abwertend für: Türke, Araber, Orientale, *Ausländer*

hau rein
hau rein dattet rumst! [Jugendsprache] = Abschieds*gruß* · **hau rein, is Tango!** = Aufforderung, sich (beim Essen, Musikmachen usw.) keine Hemmungen aufzuerlegen / *energisch*

Hauer
1. [*Bergbau*] Sammelbezeichnung für unter Tage beschäftigte Facharbeiter   **2.** große, auffallend vorstehende Vorderzähne / *Zahn*

Haumichblau
Kinderscherz: »geh inne Apotheke und sach, du wollz für fuffzich Fennich Haumichblau« / *aufziehen*

Hausheben
ein Hausheben veranstalten = unnötig Aufhebens, viel Wind um etwas machen / *übertreiben*

Hausnummer
eine Hausnummer nennen = eine ungefähre Zahl, insbesondere Preisvorstellung, angeben

Haute Volaute [gesprochen wie geschrieben]
scherzhaft für haute volée, crème de la crème / *luxuriös*

Hebamme
scherzhaft für: Flaschenöffner / *Werkzeug*

Hebbert
Aussprache von: Herbert / *Vornamen*

Heia
Bett, Schlafstatt – keineswegs nur Kindersprache, auch unter Erwachsenen gebräuchlich · **Heia machen** = *schlafen*

Heinrich
flotter Heinrich/Otto = *Durchfall*

Heiopei [Betonung auf der 1. Silbe]
Weichei, Warmduscher, Festnetztelefonierer, allgemein: nicht ernst zu nehmender, rückständiger oder unzuverlässiger *Mensch* / *Mann*

Heizölferrari [Jugendsprache]
Mercedes Diesel / *Auto*

helleweg [gesprochen: helleweech]
voll und ganz, ganz und gar: »helleweech beknackt« / *sehr*

Hemd

in seinem kurzen (auch: gewaschenen) **Hemd dastehen** = ▸gekniffen sein, einer Situation nicht gewachsen sein – »▸ehmt hatter noch den Oberzocker markiert, und jetz stehter da in seim kurzen Hemd« / *unangenehm* · **ein langes Hemd anhaben** = *langsam* sein, für etwas lange brauchen, nicht rechtzeitig fertig werden – »▸Kerl inne Kiste, du hass ja heute widdern langet Hemd an« · **einem das Hemd am flattern machen** = einem *Angst* machen, Schrecken einjagen durch eine unangenehme, beunruhigende Nachricht – »schon widdern Schrieb vom Schiezmann? Mensch mach mich nich dat Hemd am flattern« · **jemanden aus dem Hemd hauen** = jemanden mit einem Schlag (insbesondere Kinnhaken) außer Gefecht setzen / *schlagen*

Hempels

wie bei Hempels unterm ▸**Soffa** (auch: im Wohnzimmer) = in *Unordnung*, unaufgeräumt – »so, nu räumma deine Verlängerungs-strippen wech, hier siehtet ja aus wie bei Hempels unterm Soffa«

Hengel
Griff (einer Tragetasche, Kaffeekanne)

Henkelmann
Metall*gefäß* zum Warmhalten und Transportieren von Speisen, die man zur Arbeit mitnimmt »O Tannenbaum, o Tannenbaum/der Kaiser hat im Sack gehaun/da kauft er sich nen Henkelmann/und fängt bei Krupp als Dreher an« (Spottlied nach der Abdankung Wilhelms II.) / *-mann*

Heringsstipp
zu kleinen Würfeln geschnittener marinierter Hering mit Gurken- und Apfelstückchen und Zwiebeln in Sahnesoße; dazu vorzugs-weise Pellkartoffeln / *Essen*

Herzken
liebevolle, auch ironische Bezeichnung für einen lieb-doofen oder naiven *Mensch*en / *Trottel* · **(nur noch) Herzkes inne Augen haben** = verliebt sein, jemanden verliebt ansehen / *Liebe*

Herzklabastern

Herzrasen; vgl. ▸abklabastern, klabastern / *krank*

Hibbel

unruhiges *Kind*, Zappelphilipp · **hibbelig** = aufgeregt, *nervös*, zappelig

Hick, Hickeschlick

Schluckauf

hickehackevoll

sinnlos *betrunken*

hinkeln

Kinder*spiel*: auf einem Bein durch Kästchen hüpfen, die mit Kreide auf die Straße gemalt sind, und dabei einen Stein mit dem Fuß in bestimmte Felder schieben

mach hinne!

beeil dich; sieh zu, dass du fertig wirst! / *schnell*

sich **hinpotten**

sich hinsetzen (in der Absicht, längere Zeit *sitzen* zu bleiben)

Hippe

die Hippe (= Ziege) **wollt auchen langen Schwanz ham** = Standardspruch zur *Ablehnung* eines unsinnigen oder lästigen Kinderwunsches

hippelig   siehe ▸hibbelig

Hirni

Bekloppter; einfältiger Mensch, der die einfachsten Probleme nicht lösen kann / *Trottel*

Hobbyflecken

Spermaspuren (auf Bettlaken, Hose) / *Sex* / *Schmutz*

Hobel

Auto

Hocker

vom Hocker fallen = *überrascht*, erstaunt sein · **locker vom/übern Hocker** = spontan, ohne Skrupel, mit lockerer Hand; auch als Ermunterung / *einfach*

holen

gängiges Ersatzwort für: kaufen – »willzedir nichdochen neuen ▸Fernseh holen? Kuxich ja ▸panne bei dat Geflimmer!« / *kaufen*

holla

geistig (insbesondere durch Trunkenheit oder Senilität) völlig weggetreten; auch: **hops und holla** sein / *verrückt*

holzen

unelegant und mit vollem Körpereinsatz eher regelwidrig *Fußball* spielen; vgl. ▸dötschen, ▸pöhlen

hömma

zusammengezogen aus: hör mal (gesiezt: hörnsema) – »hömma, ▸mamma Schluss, gleich isset schon siem« / *Anrede* / *Ausruf* / *Sprache*

Hömmut

bevorzugte Aussprache von: Helmut / *Vornamen*

Hoppelpoppel

Bratkartoffeln mit Fleischwürfeln oder -streifen (»Bauernfrühstück«) / *Essen*

hören

häufig verkürzt für: gehören – »wem hört dat Farrat vor Tür?/Ich!« (oder auch: »dat is mein seins!«)

Hörnchen zu fuffzig

Beule (auf der Stirn) in der Größe der Eisportion im Waffelhörnchen, die man früher für 50 Pfennig bekam

Hose

tote Hose = 1. nichts los – »ahms is doch in Essen ▸echt tote Hose, da musse schon nach ▸Bochum innet Bermuda-Dreieck fahn« / *langweilig* 2. inaktiver, impotenter oder stein*alter Mensch* – »in Bad Pyrmont laufen nur tote Hosen rum«

Hotte

Kose- und Kurzform für: Horst / *Vornamen* · **Hottemax** = Pferd / *Tier*

Hubbel

Unebenheit, geringe Erhebung

Hucke

1. **jemandem die Hucke voll hauen** = jemanden verprügeln / *schlagen* 2. **sich die Hucke voll saufen** = sich besaufen / *trinken* 3. winziges *Haus*

huckelig

uneben – »dat is ja nich zum Auszuhalten – auf sonne huckelige Wiese kannzedoch kein Federball spielen«

Hugo

1. scherzhaft für: Hautgoût – »hömma, dat ▶Schtiek hat abern leichten Hugo, finze nich?« / *schlecht* 2. *Zigarette*

Hülemule

1. zum *Weinen* verzogener Mund 2. Heulsuse

Hülsekrabbel

Ilex, Stechpalme

Hümme(l)ken

kleines Küchen*messer*, Kartoffelschälmesser

Hümpel

Haufen, *Menge* – »unnen Hümpel von Blagen«

hümpeln   siehe ▶hinkeln

Hümpsken

Kind, das hinkt oder humpelt; nicht boshaft, sondern eher zärtlich-mitfühlend und bedauernd / *Behinderter*

Hund

[*Bergbau*] 1. (auch: **Hunt**) unter Tage eingesetzter offener, kastenförmiger Förder*wagen* 2. **schmeckt wie Hund (von) hinten** = schmeckt scheußlich, eklig; vgl. wie ▶Laterne ganz unten, wie ▶Omma unterm Arm / *schlecht* 3. **da wird ja der Hund inne Fanne verrückt** / *Ausruf* des Erstaunens

Hunderterschraube

Flasche *Bier*; vom Durchmesser der Flasche, analog »17er-Schlüssel«; der Standarddurchmesser beträgt aber nur 70 mm

Hunt   siehe ▶Hund [*Bergbau*]

Hustekuchen!

Ausruf, der eine enttäuschte Erwartung ausdrückt: denkste! Pustekuchen! von wegen! / *Fehlschlag*

i-Männchen   siehe ▶Dötze

Immchen

Kosename oder Anredeform für *Mann* – »Immchen komma her und gib ▶ette ma en Schmatz«

impig

klein, unscheinbar, mickrig, hässlich

innen

sich von innen bekucken = vor Übermüdung oder Trunkenheit ins Leere gucken, starren / *schlapp*

inschuld

etwas inschuld sein = einen Fehler oder ein Malör zu verantworten haben – »den kaputten Trockner bisse doch selps inschuld, nie machsse dat Flusensieb sauber!«

Ipschek [-ek = polnische Verniedlichungsendung]

Sohn, Sohnemann, *Klein*er / *Kind* · **ipschig** = winzig, mickrig, unterentwickelt / *klein* / *unansehnlich*

irngswat, irngswie, irngswo [typisches *Einschub-s*]

»irngswie hatte der ja mehr Bildung gelernt als manch einen« – »irngswo verdient hätter dat«

Ische

leicht abwertend für: *Mädchen*

is nich

gibt es nicht, findet nicht statt »da kannze richtig ▶Schotter machen beide Saudis, nur Saufen is nich« / *Ablehnung*

is wat?

besorgte, manchmal auch Unschuld oder Unkenntnis heuchelnde Frage, wenn jemand ein mürrisches Gesicht macht, schweigsam ist oder auf sonstige Weise seine Unzufriedenheit erkennen lässt, ohne den Grund zu nennen / *Ausruf*

jaa nich

bloß nicht (warnend oder drohend). Ein besonders schönes Beispiel für die Eigenart des Ruhrdeutschen, trotz krauser Logik verständlich zu bleiben, ist das rotzfrechen Kindern vorzugsweise von Rentnern hinterhergerufene »Glaubt jaa nich, wer ihr seid!« =

etwa: wer seid ihr denn, dass ihr glaubt, euch das herausnehmen zu dürfen! / *Drohung*

Jaffamöbel
Wohnungseinrichtung aus Obstkisten / *Möbel*

jau! [stets laut gesprochen]
drückt Bekräftigung oder Zustimmung aus: *ja*, jawoll; häufig auch in der Kombination »**jau,** ▸**ej**« / *Ausruf*

Jaust [Plural: Jäuster(s)]
Bengel, frecher Junge, Blag / *Kind*

jee [Kindersprache]
bejahendes Gegenstück zu: »nee« – »ich krichet auch mim Schraumzieher auf!/glaubichnich/sach feige/tusse ja donnich/ doch, ich mach dat/nee/jee/nee/jee« (usw., geht in der Regel nahtlos in eine ▸Klopperei über) / *ja*

jiepern, jipperig sein
gierig auf etwas sein, heftig *verlangen*

Jonteff [aus dem Jiddischen]
Anzug, *Kleidung*

Jordan
über den Jordan sein = 1. gestorben sein / *sterben*   2. hin sein, *kaputt*, vgl. ▸Wupper

Jück
auf den Jück gehen = *ausgehen*, einen freien Abend nehmen, einen Kneipenbummel machen, »aushäusig« sein – »sach Bescheid wenn dein ▸Ollen widder auffen Jück geht; dann kommichma auffen Sprung mit ne Pulle Schampus vorbei: sollz onnich lehm wien Hund« · **jückeln = 1.** herum*gehen*   **2.** auch: **juckeln** = (ziellos oder gemächlich) mit dem Auto herum*fahren*

Kabache(l) [die Kabache, das oder die Kabachel]
altes *Haus*

Kabause, Kabäusken
Verschlag, Abstell*raum*

käbbeln
zanken, balgen, harmlos miteinander *streit*en (besonders unter Kindern)

Kabinenexpress [Taubenzüchtersprache]

LKW mit kistenförmigen Kabinen, in denen die *Brieftauben* zum Abflugort gebracht werden

Kabuff

Verschlag, Abstell*raum*, kleines dunkles Zimmer

kacheln

stark *windig* sein – »Mensch, dat kachelt heute ▸vielleicht widder«

Kack

etwas *Lästiges*, Unangenehmes, Unnötiges – »fürde Hantabeizstunde musstenwer jedesma Gaan und Zwiern und all son Kack mitbringen« · **am kacken halten** = vulgär für: (Familie) ernähren, finanziell unterhalten / *bemühen* · **in die Kacke geblasen haben** = derb für: viele *Sommersprossen* im Gesicht haben · **auf die Kacke hauen** = *übertreiben*, angeben · **Kackstelzen** = derb für: *Beine* · **Kackstuhl** = Bild beim *Kegeln* (Vorderholz, König und beide Hinterdamen; wenn auch das Hinterholz noch steht: »Kackstuhl mit Lehne«)

Kaffer

hergelaufener *Mensch*, *Ausländer*, *Mann*

Käffken

Kaffee, insbesondere die Tasse »zwischendurch« – »willzen Käffken oder liebern Konjack?«

Kafuck

mit Kafuck = mit Kraft und Schwung – »jetz schieb ▸nomma an, aber mit Kafuck« / *energisch*

Kahn

einen im Kahn haben = *betrunken* sein

Kalabreser

großes Gerät, z. B. große Bohrmaschine, schwere Pistole / *Gegenstand*

Kalberkopf

alberner *Mensch*, Kindskopf / *lachen*

Kälberzähne

gekochte grobe Graupen (in der Graupensuppe) / *Essen*

Kall

einen Kall machen, **kallen** = *reden*, quasseln, etwas ausgiebig besprechen

Kalla, Kallemännken, Kalli

gebräuchliche Anrede- und Rufformen für: Karl / *Vornamen*

kalt

noch son kalten unnet wird Winter = schlechter *Witz*, Kalauer.

Kaludrigkeit [Aussprache: Kaludrichkäjt, mit gerolltem r]

ostpreußischer Nach*name*; auch Symbolname für alles Ostpreußische

Kamuffel

dummer, einfältiger *Mensch*; nicht beleidigend, sondern eher zärtlich und verständnisvoll / *Trottel*

Kaneh

Carnet (bis Anfang der achtziger Jahre übliche Streifenkarte der Straßenbahn) – »wolltich dat Kaneeh zum Abstempeln innen Schlitz tun, aber dat war schon so labberig dattet nich reinging; ich glaub jetz weissich wie dat is wennze impotent biss« / *fahren*

Kanne

scherzhaft für; Glas oder Flasche *Bier* / *Gefäß*

kannichma

darf ich mal? – »kannichma am Semf?« / *bitten*

kannzema

würdest du bitte; noch höflicher; **kannzenichma** (Betonung bleibt auf der 1. Silbe) = könntest Du vielleicht bitte – »Kannzema ▸ehmt für mich anne▸Bude?/Ich? Binnich dein▸Peias? kannzmichma!« / *bitten*

Kanten

knapper *Haar*schnitt – »▸samma, dir hamsejama widdern Kanten geschoren«

kapaaftig

Ausruf, mit dem eine besonders rasche und heftige Bewegung begleitet oder beschrieben wird. – »und dann habbich ihm ▸kapaaftich eine gescheuert, datter total vonne Socken war und gekuckt hat wien Auto« / *energisch*

kapito (von ital. capito = verstanden)

klar, verstanden; positiv zur rhetorischen Bekräftigung, negativ meist in der Form »nix kapito« / *Bekräftigung* / *klar*

Kappes

1. Kohl, Weißkohl / *Essen*   2. *Kopf*   3. *Unsinn*, etwas Überflüssiges, Lästiges – »is doch Kappes watte da machs« · **Kappeskopp** = dummer, einfältiger Mensch / *Trottel*

kapüh

kaputt, insbesondere: erschöpft, fix und fertig, *schlapp*

kaputt

wat is, gehsse kaputt? = besorgt-mitfühlende Frage nach dem Befinden eines vertrauten Mitmenschen, der einen Hustenanfall hat oder sich verschluckt hat und nach Luft ringt / *krank* · **Kaputtnik** = (insbesondere wegen körperlicher Schwächen oder Behinderungen) erwerbsunfähiger oder nicht voll einsatzfähiger Mensch / *krank* · **kaputtschreiben** = (Arzt:) Erwerbsunfähigkeit bescheinigen, insbesondere wegen einer Berufskrankheit / *krank*

mit Karacho

mit hoher Geschwindigkeit, heftig / *energisch* / *schnell*

Karmann Ghia

von der Osnabrücker Firma Karmann auf Basis des VW-Käfers von 1955 bis 1974 hergestelltes Coupé bzw. Cabriolet. Trotz des eingeschobenen »h« wird Ghia im Ruhrgebiet mit Überzeugung falsch ausgesprochen, nämlich »Kahmann Dschia«, also nicht hart, sondern weich wie (ausgerechnet!) auch der »Gigolo« vorne / *Auto*

Karmine machen [Knastsprache]

übertreiben, Aufhebens machen; Schauer- oder Lügenmärchen erzählen – »Mensch mach nich sone Karmine«

Karre

altes *Auto*, auch Motorrad · **einen vor die Karre hauen** = einen vor den Latz knallen / *schlagen* · **doof wie ne Karre Asche** = dumm, dämlich / *Trottel*

Karro

Butterbrot / *Essen*

Karte odern Stück Holz!
ungeduldige Aufforderung, beim Kartenspiel endlich auszu*spiel*en

Karton
gleich rappeltet im Katong! = gleich gibt es handfesten *Ärger* /
Drohung

Kaschott
1. *Gefängnis* (von frz. cachot)　**2.** enger, dunkler *Raum*　**3.** *Bett* –
»nu geh ma schnell in dein Heia-Kaschott«

Käse
Käseblatt [*Schülersprache*] = *Zeugnis* · **Käsemauken** = *Füße*, Stink-
füße · **Käsköppe** = abwertend für: Holländer / *Ausländer*

Kasus knacktus
springender Punkt, Angelpunkt eines *Problems*

Katze　siehe ▸rubbel die Katz

Katzoff [von jiddisch »katzew«]
Metzger [Plural: Katzowen]

Kaue [*Bergbau*]
Raum über Tage, der zum Aufenthalt, zum Waschen (▸Waschkaue)
oder zum Umkleiden (▸Schwarzkaue, ▸Weißkaue) benutzt wird

Kawenzmann
1. großer *Gegenstand*; vgl. ▸Trumm　**2.** großer, schwerer *Mensch* /
-mann

Kawumm, Kawupp, Kawuppdich　siehe ▸Kafuck

auf **Keife**
auf Pump (*kaufen*), vgl. auf ▸Kubitschko / *Schulden*

Keiloff
abwertend: (männlicher) Hund; vgl. ▸Kröer, ▸Töle / *Tier*

Keks
auf den Keks gehen = auf die Nerven gehen / *lästig* · **Keks(e)** =
(üppige) weibliche Brust / *Busen*

Kellen
große *Ohren*, Segelohren

Kerl inne Kiste!
Ausruf der Verblüffung oder Verwunderung / *überrascht*

Kernbeißer

kleinlicher Mensch, *Pedant*, Korinthenkacker

Kesselflicker

(sich) zanken wie die Kesselflicker (auch: Besenbinder) = ständig heftigen, handgreiflichen, kleinlichen *Streit* miteinander haben

Keule [Jugendsprache]

junges *Mädchen*, Teenager, weiblicher Lehrling – »▸ej, Keule, ▸komma hier«

Kichererbse

alberner Mensch, insbesondere kleines *Mädchen*, das ständig grundlos kichert / *lachen*

kiebig, kiewig

kratzbürstig, wütend, ver*ärgert*

Kieker

jemanden auf dem Kieker haben = jemandem nicht wohl gesonnen sein; jemanden genau beobachten, um ihm einen Fehler vorwerfen zu können / *verabscheuen*

Kiki

1. kleiner Junge (leicht verächtlich) / *Kind* **2.** *Unsinn*, wertloses Zeug, auch: **Kikifax** **3.** Kosename für: Christian und Erika / *Vornamen*

Killefitt

Unsinn, dummes Zeug, abwegiger Vorschlag

Killepitsch

1. aus Alkoholresten zusammengeschüttetes *Getränk* mit meist verheerender Wirkung **2.** Name eines Düsseldorfer Kräuterlikörs mit 42 Umdrehungen (%)

killern

kitzeln

Kindersärge

riesige *Schuhe*; vgl. ▸Flurschadenbretter

Kino

1. im Kino! = *Ausruf*, bei dem man sich an die Stirn tippt; bedeutet etwa: das glaubst du doch selbst nicht! nie und nimmer! – »die ganzen Bücher für lau? hier! im Kino« / *verrückt* / *Ablehnung*

2. beliebter Juxdialog: »Wo gehsse?/im Kino!/wat gehmse?/Quo vadis/wat heißtat?/Wo gehsse/im Kino« usw.

Kippmännchen

ins Mauerwerk eingelassene, kippbare Arretierung für *Fenster*läden; der zum Arretieren hochgekippte Teil hat die Form einer Männerbüste

kirre machen

becircen, *verwirren*

Kiste

in die Kiste gehen = **1.** ins *Gefängnis* gehen   **2.** ins *Bett* gehen
3. Kiste Licht = scherzhaft für: *Streichholz*schachtel (Übertreibung; vgl. andererseits die Verniedlichung ▸Schächtelchen Bier)

Kitschauge

blaues *Auge* / *schlagen*

Kitschback

1. Nippes, *Kitsch*   **2.** dahergeredeter *Unsinn*

Kitsche

Kerngehäuse mit Stiel, z. B. Apfelkitsche

Kitt

da fällt einem der Kitt aus der Brille = Ausdruck der Überraschung / *überrascht*

klabastern

unverdrossen lange Wege *gehen* (z. B. von Pontius nach Pilatus klabastern); vgl. ▸abklabastern, ▸Herzklabastern

klackern

ein lautes *Geräusch* machen wie von mehrfach gegeneinanderstoßenden harten Gegenständen

kladdernass, kletschnass, pladdernass

durchnässt (insbesondere Kleidung, Fell) / *nass*

Klammerblues

Musik, zu der man sehr langsam und eng *tanz*en kann

Klamotten

1. persönliche *Ausrüstung*, Habe   **2.** *Kleidung*

klamüsern

ohne Hast vor sich hin werkeln, auch: **rumklamüsern** / *basteln*

Kläppchen
ein Kläppchen machen = ein paar Runden Karten *spiel*en

klar wie Klärchen
sonnenklar, »klar wie Kloßbrühe« / *klar*

klaro?
abgemacht? ist das *klar*?

klatschdich
Ausruf, der ein klatschendes, plötzliches *Geräusch* bezeichnet –
»und dann hat er mir klatschdich eine gescheuert«

Klauber [*Bergbau*]
Bergmann, der über Tage Kohlestücke aus dem ▸Abraum heraus-
sucht (»klaubt«)

Klaubock
jemand, der ständig kleinere *Dieb*stähle begeht

Kläuer
mild-vorwurfsvolle Bezeichnung für jemanden, der beiläufig etwas
stiehlt oder ohne zu fragen mitnimmt – »du ollen Kläuer, hasse wieder meine Danone aussem Kühlschrank gemopst?« / *Dieb*

Klebe
große Schusskraft beim *Fußball*spiel – »Mann, hat der ne Klebe am
Leib«

Kledage
Sammelbezeichnung für: ▸Anziehsachen, *Kleidung*

Klein-Chicago
Obdachlosenviertel; unsicheres *Groß*stadtviertel mit hoher Krimi-
nalitätsrate

klemmen
etwas unterschlagen, zurückhalten / *unehrlich*

Klepperhannes
1. altes Pferd / *Tier*   2. alter, gebrechlicher *Mann*

Kletsch
eine gewisse *Menge* einer weichen Substanz – »gibma nochen
Kletsch Sahne aufen Flaumkuchen« – »is nochen Kletsch Mam-
melade da?«; auch: **einen Kletsch** (Klatsch) **Wasser ins Gesicht
kriegen** · **kletschnass** siehe ▸kladdernass

Kletschkopp
Mensch mit fettigen *Haar*en

Klick-Klack-Kugeln
1. Kinder*spiel*zeug: zwei Holzkugeln an oben miteinender verbundenen Bindfäden; durch rasches Auf- und Abschnellen führen die Kugeln halbkreisförmige Bewegungen aus und erzeugen dabei ein lautes ▸Klackern; davon abgeleitet: **2.** spöttisch: Geisha-Kugeln (aus Japan stammender *Sex*artikel, der aus zwei miteinander verbundenen Kugeln besteht)

Klimpergeld
Taschen*geld*, das man mitnimmt (insbesondere Münzen in der Jackentasche), um es für Krimskrams oder persönliche Bedürfnisse auszugeben

Klingelbude
Vorläufer der ▸Bude: ein Verkaufsfenster in der Hausfront mit einer Schelle, um den Verkäufer zu rufen. Mit Rücksicht auf die Wechsel▸schicht der Bergleute gab es früher Sondergenehmigungen für den Verkauf außerhalb der gesetzlichen Ladenöffnungszeiten, aber nur unter der Voraussetzung, dass der Verkauf durch ein Fenster im Erdgeschoss stattfand. Vgl. ▸Trinkhalle / *kaufen*

Klingelmännchen spielen
Kinderstreich: an den Haustüren *klingeln* und weglaufen; vgl. ▸Schellemännchen, ▸Schellemännekes / *Spiel*

Klitsche
abwertend: kleiner Laden oder *Betrieb*, insbesondere Autowerkstatt

kloppen
Allerweltswort für: ableisten, machen – »Überstunden kloppen«, »eine ▸Schicht kloppen« / *Arbeit* · **Klopperei** – derb-fröhliches Handgemenge, insbesondere unter Kindern; weniger verbissen als eine Schlägerei / *schlagen*

Klöpper
Teppichklopfer, früher unentbehrlicher Bestandteil häuslicher Pädagogik / *Strafe*

Klopppeitsche
Züchtigungsinstrument / *Strafe*

Klops

originelle, unerwartete oder völlig verfehlte Äußerung oder Verhaltensweise – »ich kann dat nich mehr mit ansehn wie den Kerl einen Klops nachem andern bringt« / *Witz* / *Fehlschlag* · **klopsig** = *witzig, unerwartet, originell, skurril*

Klorolle

Rolle Toilettenpapier

Klotschen

derbe *Schuhe* · **einen inne Klotschen haben** = angetrunken oder *betrunken* sein

Klotten

1. *Kleidung*   2. Sachen, Krempel / *Ausrüstung*

klucken   siehe ▸rumklucken

Klümmchen, Klümmken [Plural: Klümmkes]
▸Bonbon

Klump

etwas **zu Klump fahren/schlagen** = zu Schrott fahren (Auto, Fahrrad), zusammen*schlagen* / *kaputt*

Klüngel [Plural: Klüngels]

1. alte *Kleidung*sstücke   2. unbrauchbarer Hausrat / *Kram*
3. Filz in *Politik* und Verwaltung · **Klüngel miteinander haben** =
1. unseriöse *Geschäft*e miteinander betreiben   2. *Streit* miteinander haben

Klüngelanton

der heilige Antonius von Padua, den man anruft, wenn man einen verlegten Gegenstand nicht wiederfinden kann; vgl. ▸verklüngeln / *Unordnung*

klüngelig

1. *langsam*   2. unordentlich, vgl. ▸verklüngeln / *Unordnung*

Klüngelmajor

vorwurfsvolle Bezeichnung für ein ▸klüngeliges Kind; auch in der Ruhrgebietsvariante des Kinderabzählreims »Bettelmann, Edelmann, Doktor, Pastor, König, Kaiser, Klüngelmajor.«

Klüngelskerl, Klüngelspitt(er)

Altwarenhändler, der mit Pferd und Wagen durch die Straßen fährt und auf einer Blechflöte bläst, um auf sich aufmerksam zu machen (»Lumpen, Eisen, Altpapier!«) / *Mann*

Klüngelskolonie

Siedlung für sozial Schwache – »jetz hat mich dat Frollein nehm son Stinkminchen ausse Klüngelskolonie gesetzt« / *Stadtviertel*

Klüsen

Augen, insbesondere von Schlaflosigkeit oder einer Zechtour verquollene Augen – »wat mussersich auch mitti Drecksfingers immer dranrumreim, jetz hatter Schmant inne Klüsen un kannich im Hellen kucken« (aus der Seemannssprache: die beiden Ankerklüsen am Bug eines Schiffes sehen von vorn wie Augen aus)

knacken

1. intensiv und ausgiebig *schlafen*   2. *anfangen*, mächtig loslegen – »komm, Ärwin, lass knacken!«

Knackfuß

abwertend für: *Ausländer*, dummer *Mensch*

Knackpunkt

springender Punkt; Kern- und Angelpunkt eines *Problems*

Knäppchen

1. Anfangs- oder Endstück eines Brotlaibs / *Essen*   2. spärliches *Haar*, kurzer Haarschnitt

Knappe [*Bergbau*]

[veraltet] Bergmann nach bestandener Lehre, entspricht dem Gesellen im Handwerk · **Knappschaft** = Kranken- und Rentenversicherung der Bergleute · **Knappschaftsältester** = (nicht notwendigerweise älterer) gewählter Vertrauensmann, der ehrenamtlich die Interessen der Versicherten gegenüber der Knappschaft wahrnimmt.

Knappschuss [*Bergbau*]

Sprengung mit ungenügender Bohrlochtiefe · **einen Knappschuss haben** = nicht richtig im Kopf, *verrückt* sein

Knarre

1. *Werkzeug* zum Schraubendrehen   2. Pistole, Revolver / *Schusswaffe*

Knastologe, Knastrologe

1. Strafgefangener, Knacki   2. speziell: jemand mit reicher Knast-Erfahrung / *Gefängnis*

Knatsch [mit langem a]

mit jemandem Knatsch haben = mit jemandem *Streit, Ärger* haben · **Knatschkopp** = ständig unzufriedener, an allem herummäkelnder Mensch / *nörgeln*

Kneisterpott

(insbesondere halsstarriger oder verbiesterter) *alter Mann*

knibbeln

an einer Sache herumfummeln oder herumfriemeln und dabei kleine Stückchen abreißen; z. B. an den Fingernägeln knibbeln / *nervös* · **Knibbelkopp** = *nervös*er Mensch, der dauernd etwas mit den Fingern zerfriemelt

Knicker

Murmel; die billigeren, zerbrechlichen aus bemaltem Ton, die guten aus buntem Glas; vgl. Knippsteine · **knickern** = auf der Straße mit Murmeln *spiel*en, vgl. ▸stuxen · **Knickerpott** = die Kuhle, in die man die Knicker hineinbefördern muss / *Spiel*

Knickerwasser

billiges Selterswasser, das (bis etwa 1952) an ▸Buden verkauft wurde: als Verschluss diente ein ▸Knicker, den die Kohlensäure von unten in die Flaschenöffnung presste und der zum Trinken mit dem Finger in den Flaschenhals hinuntergedrückt wurde / *Getränk*

kniepig

knauserig, *geizig*, vgl. ▸knietschig

Kniepstiebel

Geizkragen / *geizig*

Knies(t)

Ärger, Streit, insbesondere zwischen Menschen, die ständig zusammen leben oder arbeiten

Kniest

fettiger, verhärteter *Schmutz*, der sich im Laufe der Zeit (besonders an unzugänglichen Stellen) festgesetzt hat

knietschig

geizig; vgl. ▸kniepig

Knifte, Kniffte

Butterbrot, ▸Stulle, speziell: in der Mitte zusammengeklappte, belegte Brotscheibe, die aus der Hand gegessen wird / *Essen*

Knippchen

kleines Küchen*messer*, Kartoffelschälmesser

Knipperdolling

*klein*gewachsener *Mensch*

Knippsteine

1. meist halbkugelförmige oder ovale kleine Steine aus gefärbtem Glas, mit denen nur Mädchen spielten: Der Knippstein wurde vom unten liegenden Daumen mit dem Zeigefinger weggeschnippt; es galt, damit einen auf den Bürgersteig gemalten Kreis zu treffen bzw. dort liegende Steine anderer Mitspielerinnen herauszuschießen. Vgl. die von Jungen bevorzugten ▸Knicker / *Spiel*   **2.** abwertend für: *Schmuck* aus Halbedelsteinen

Knirbel

1. kleiner Drehknopf, kurzer, schwer zu fassender *Stummel* oder Stumpf – »du muss erssen Knierbel aussem Fiersich rausdrehn«
2. Nasenpopel / *Nasenschleim* · **knirbeln** = mit den Fingerspitzen herausdrehen oder abdrehen

Knödelfriedhof

dicker *Bauch* – »wat heißt hier Knödelfriedhof? für mich issen Mann ohne Bauch en Krüppel«

Knöllchen

gebührenpflichtige Verwarnung, insbesondere wegen Falschparkens, die – mit einer Zahlkarte verbunden – hinter den Scheibenwischer geklemmt wird / *Strafzettel*

knollig

ulkig, grotesk, paradox – »issat nich knollig?« / *Witz*

knöttern

nörgeln, an etwas herummäkeln, aber nicht heftig, sondern beständig, halblaut, greinend – »erss hier ein rumknatschen und knöttern und dann ▸donnich wechwollen« · **Knötterkopp** = unzufriedener, *nörgeln*der Mensch

Knubbel

1. dicker *Mensch* **2.** dichte Anhäufung von Menschen oder Gegenständen / /*Menge* **3.** Verdickung, z. B. warzenförmige Hautveränderung · **knubbeln** = schmusen, *kuscheln*, zärtlich sein, knutschen / *Liebe* · **sich knubbeln** = gehäuft und *eng* aneinandergedrängt auftreten – »im September knubbeln sich bei mir die Termine« / *Menge*

knüddeln

zerknittern, verknautschen, zusammenknüllen

knuffig

niedlich, originell, putzig / *gut*

Knülli

Freund, mit dem ein Mädchen geht / *Mann*

Knüpp

Knoten

Knüppel

schmeckt wie Knüppel auffen Kopp = schmeckt scheußlich / *schlecht*

knuselig

verknautscht / *unansehnlich*

Knüssel [stimmhaftes s]

Liebelei, Verhältnis – »stimmtat eigtlich dat den Friedhelm en Knüssel mitti Czepluch ausse Versandabteilung haam soll?« / *Liebe*

knüsselig [stimmhaftes s]

unsauber, *unansehnlich*, schmutzig, ärmlich und kleinkariert

knüstern [langes ü]

mit Geschick und Einfallsreichtum *basteln*, mit Bordmitteln etwas Handwerkliches tun

Knütsch

Knoten, besonders der *Haar*knoten (Portierszwiebel)

Kö

Abkürzung für: Königsallee (in Düsseldorf) – »wat hälze vonnem Köbummel und dannen töfften Zuch durche Altstadt?« / *Ortsnamen*

Kober

abfällig für: *Freund* eines Mädchens, Zuhälter / *Mann*

kodderig

mir ist kodderig = unwohl / *krank*

Kohlen-

Kohlenpott = nach allgemeiner Übereinkunft ungefähr das Gebiet von Essen, Gelsenkirchen über Wattenscheid bis Herne und Wanne-Eickel (nicht identisch mit dem *Ruhrgebiet*) · **Kohlentröte** [langes offenes ö wie in engl: Sir] = *Gefäß*, mit dem man Kohlen aus dem Keller holt und in den Ofen füllt, vgl. ▸Tröte

Kokoschewski

mein lieber Kokoschewski! *Ausruf* des Erstaunens / *Name*, vgl. ▸Kukuschinski, ▸Scholli

Kölner Dom

willzemaen Kölner Dom sehn? [veraltet] = grausames Kinder*spiel*: bejaht das arglose Kind die Frage, presst man ihm die Handflächen an die Ohren und hebt es mit diesem Griff hoch (unter dem Vorwand, so könne es am Horizont den Kölner Dom sehen)

kolone

wirr, durcheinander, durchgedreht – »▸laber nich son Scheiß, du machs einen ja ganz kolone im Kopp« / *verwirren*

Kolonie [sprich: Kollenie]

Siedlung mit gleichförmigen kleinen Ziegelhäusern, insbesondere Bergarbeitersiedlung / *Stadtviertel*

Komfort

mit allem Kommvor und Zurück = scherzhaft für: *luxuriös*, mit allen Schikanen

komma

kein Satzzeichen, sondern zusammengezogen aus: komm mal /
Sprache

kondom

mit jemandem kondom gehen = scherzhaft für: mit jemandem
konform gehen / *Eintracht*

Konfuzius [von konfus]

jemanden ganz Konfuzius machen = jemanden *verwirren*, durcheinanderbringen

Konkurs [Taubenzüchtersprache]

Brieftauben-Flugwettbewerb · **Konkurszeit** = Zeit vom Auflassen
der Tauben bis zur Rückkehr der letzten Preistaube (der letzten
Taube, die noch einen Preis gewinnt) / *Brieftaube*

können

verkürzt für: haben, kriegen können – »kannichmaan
▸Klümmken?« / *bitten*

Konstatieruhr [Taubenzüchtersprache]

Uhr, mit der bei einem Wettbewerb die Flugzeit der einzelnen *Brieftaube*n registriert wird; vgl. in die ▸Uhr drehen

Konsum [Betonung auf der 1. Silbe]

Ladengeschäft der (1973 in der co-op-Gruppe aufgegange-
nen) früheren »Kruppschen Konsumanstalt«; das Wort wird
häufig auch »Komsun« ausgesprochen: »Gehsse?/Komsun!/
Holze?/▸Bratswurst!« / *kaufen* · **und en Ei aussem Konsum!** =
einen Monolog zuverlässig abwürgender *Ausruf* im Sinne von
1. »sonst noch Wünsche?« / *Ablehnung* **2.** »erzähl mir nichts
vom ▸Pferd!« / *lügen*

Kopf

einen Kopf wie ein Rathaus haben = **1.** einen Brummschädel haben
(Kater, Kopfschmerzen) / *betrunken* **2.** zu viele Informationen
und Probleme im Kopf haben, nicht mehr ein noch aus wissen /
verwirrt · **dat hälze ja im Kopf nicht aus** (Betonung auf »Kopf«) =
etwas unerträglich, unglaublich, absurd finden – »Huch! wattu
Wöater kannz! dat hälze ja im Kopp nich aus« / *verabscheuen* /
überrascht · **einen Kopfschuss haben** = **1.** total *betrunken* sein
2. *verrückt* sein / *Trottel*

Köpi

Abkürzung für König-Pils (Duisburger *Bier*marke)

Kopp

▸panne im Kopp sein = äußerst dämlich, *verrückt* sein / *Trottel*

koppheister gehen

*kaputt*gehen, zerstört werden, umkommen / *sterben*

korrekt [inzwischen in der Kanaksprache zum Allerweltswort erstarkt]

1. [Jugendsprache] anstrengend, aufreibend, mit viel *Arbeit* verbunden   2. genau, *richtig*, z. B. »korrekt unsere Richtung«

Köttel

1. (rundlicher, fester) *Kot* – »der Sandkasten is widder so vollgeköttelt, da is selbs die ▸Ullige ▸fies vor«   2. kleines *Kind* · **Köttelbecke** = kleiner offener, in einer Betonrinne geführter und meist übelriechender *Abwasserkanal*

Kotten

1. kleines, freistehendes *Haus*   2. scherzhaft für das *Behörde*ngebäude, in dem man *arbeite*t – »Mann, wennich dran denk dattich morng früh widder im Kotten muss, kommtet mir schon widder hoch«

Kötter, Köttersleute

Bewohner eines ▸Kottens (auf dem Zechengelände), die in der Übergangszeit zur Industrialisierung sowohl Land- wie Zechenarbeiter waren

krabitzig

angriffslustig, kratzbürstig, mit Haaren auf den Zähnen – »▸Olle, wat hasse denn, bisse etwa meinxwegen so krabitzig? Ährlich, ich hab mitti Schantall von nehman egal nix am laufen, kannze drauf an!« / *Ärger*

Kralle

bar auf Kralle = (Lohn) bar in die Hand / *Geld*

Krampe

1. U-förmig gebogenes, kurzes Stück Draht, das man mit einem zwischen Daumen und Zeigefinger gespannten Gummiband wie mit

einer *Schleuder* abschießen kann; vgl. ▸Fletsche   **2.** Niete, Flasche, unfähiger Mensch, *Versager* (besonders im Sport)

Krane(n)berger
scherzhaft für: Leitungswasser aus dem Kran / *Getränk*

kratzen
sich hier kratzen können (dabei hält man die beiden Hände je 10 cm seitlich vom Kopf und wackelt mit den abgespreizten Mittelfingern) = einen Kater mit starken Kopfschmerzen haben / *betrunken*

am **Krausen Bäumchen**
heute noch ein Essener Straßenname · **du biss noch lang nich am** (auch: überm) **Krausen Bäumchen** = du bist noch nicht übern Berg, hast noch nicht das Schlimmste überwunden, noch nicht alles hinter dir (vermutlich verlief früher nahe dieser Stelle, am südöstlichen Stadtrand von Essen, die Gerichtsgrenze) / *Ortsnamen*

Krefelder
1. Pils mit Limonade   **2.** Altbier mit Cola / *Getränk*

Kreislauf
außerhalb Deutschlands unbekannte Sammelbezeichnung für undefinierte Beschwerden wie Schwindel und Schwächeanfälle – »heute kannich nich, ich hab Kreislauf« / *krank*

Krepel
*unansehlich*es, mickriges, missgestaltetes, unterentwickeltes Exemplar (Pflanze, *Tier*, *Mensch*) – »dein Gummibaum, dat is abba ▸vielleichten Krepel« · **kreplig** = *unansehlich*, mickrig, *klein* und hässlich · **rumkrepeln** = sich mühsam über Wasser halten, dahinvegetieren, kränkeln / *krank*

kretten
sich kretten um = sich krummlegen für, sich um etwas kümmern / *bemühen*

Kreuz
nicht aus dem Kreuz kommen = 1. (im übertragenen Sinn:) nicht hochkommen, den Durchbruch nicht schaffen/*Versager*   **2.** [*CB-Funker-Sprache*] keine große Reichweite erzielen (wegen ungünstiger Lage, zu kleiner Antenne oder zu geringer Sendeleistung) ·

jemandem etwas **aus dem Kreuz drehen** oder **leiern**: etwas von jemandem durch Hartnäckigkeit oder Überredungskunst bekommen/*abnehmen*

kriegen
ich glaub mich kriegense = ich glaub, ich werd verrückt / *überrascht*

krissat/krisset
zusammengezogen aus: kriegst du das/es – »wat is, krissat nich auf?«

Kröch [kurzes ö]
alter Hund, Köter / *Tier*

kröchzen
heiserer, »kratziger« *Husten*

Kröer
abwertend für: Hund / *Tier*

kröppen   siehe ▸aufkröppen

Kroppzeug
wertloses Zeug / *Kram*

Kros [langes offenes o]
Kram, Krimskrams

krosen [langes offenes o]
*kram*en; ungestört und in aller Ruhe etwas suchen, umräumen oder *basteln*; auch: planlos Unwichtiges erledigen

Krösken [langes offenes ö wie in engl: Sir]
Techtelmechtel, Verhältnis / *Liebe*

krötig
(von einem Kind:) ungezogen, aufsässig – »wat bisse so krötig? Finzat gut odda kannzat auch lassen?« / *Ärger*

Krotz, Krötzken
kleines *Kind* – »weissat nich mehr, alswer noch Krötze waan ...«

krücken
1. schwer (und ohne spürbaren Erfolg) *arbeit*en – »du hass dat ganze Leben nur gekrückt«, vgl. abkrücken   2. *täuschen*

Krümelkacker   siehe ▸Pieselkopp

krümmel-

krümmelig = mickrig, unbedeutend, *klein* (von Geldbeträgen) ·
Krümmelsbetrag = *Klein*betrag, »krummer« Pfennigbetrag / *Geld*

krumpelig

verknittert, faltig, ungebügelt / *Unordnung*

krüssel- [stimmhaftes s]

krüsselig = *kraus*, gekräuselt · **Krüssellöckchen** = kleine, krause
Locken / *Haar*

Kubitschko

auf Kubitschko kaufen = *Schulden* machen, auf Raten, auf Pump
kaufen, vgl. auf ▸Keife

kucken

gängige Aussprache und Schreibweise von: gucken / *sehen* · **sieh
mal einer kuck** = (meist ironischer) *Ausruf*: na sowas, schau an!

Kuddelmuddel

Gemauschel, Durcheinander, *Unordnung*

Kuffnucken [nur Plural]

verächtlich für: *Ausländer*, Südländer

Kugel

Kugelbude = *Spiel*hölle, insbesondere für verbotenes Roulette /
Vergnügungsstätte · **kugeln** = 1. Roulette *spiel*en   2. als Croupier
arbeiten · **Kugelporsche** = VW Käfer / *Auto*

Kuh

die schwarze Kuh im Stall haben = einen Priester in der Familie
haben / *Geistlicher*

Kukuschinski

mein lieber Kukuschinski! *Ausruf* des Erstaunens / *Name*; vgl.
▸Kokoschewski, ▸Scholli

kulone   siehe ▸kolone

kumma

zusammengezogen aus: kuck mal (gesiezt: kungsema) – »Kumma,
Omma, wattat Böötchen fitscht! Daaf dat dat?/Dat daaf dat./Dattat-
tat daaf!« / *Sprache*

Kump

klobiger Becher, (Suppen-)Tasse aus Steinzeug – »willzen Kump Kaffee mithaam?« / *Gefäß*

Kumpel

1. *Bergmann* 2. *Freund*, Kamerad, Arbeitskollege / *Mann* · **kumpelig** = *hilfsbereit*, kameradschaftlich, zu einem Freundschaftsdienst bereit

Kumpel Anton

Protagonist der gleichnamigen Kolumne von Herbert Wilhelm Koch (1905–1993) in der Samstagsausgabe der ▸WAZ. Die Wiedergabe der Dialoge zwischen Anton und seinem Kumpel ▸Cervinski begann stets mit den Worten »*Anton, sachtä Cervinski* ▸für mich« / *Name*

Kunt [die Kunt]

Hintern – »Morgenstund hat Gold im Mund und Blei inne Kunt«

Küppersbuschlänge siehe ▸Mutterklötzkes

Kurmel

Unordnung, Durcheinander

Kurze(r)

1. *Kind* – »brinxe die Kurze mit, oder lässtese bei Omma?«
2. ▸Pinneken Schnaps / *Getränk*

Kusselkopp [stimmhaftes s]

Kusselkopp schießen = Purzelbaum schlagen / *Spiel*

Kux (m.) [*Bergbau*]

verbriefter Anteil (Quotenbeteiligung) an einer bergrechtlichen ▸Gewerkschaft; bei Verlusten hatten die Kuxeninhaber Zubußen zu leisten

labern

lange und umständlich *reden*; Belangloses oder Unsinn erzählen · **Laberkopp** = Schwätzer

Lackschuh siehe ▸barfuß

Lago di Baldino

scherzhaft für: Baldeneysee (im Süden Essens), vgl. ▸Monte Katerno / *Ortsnamen*

Lalla

Musik (vor allem aus dem Radio, vom CD-Player) – »▸mamma die Lalla wat leiser, der ▸Kneisterpott von nehman is schon widder anne Wand am kloppen!«

Lampenkaue [*Bergbau*]

Raum, in dem die Grubenlampen aufbewahrt, gewartet und von den Bergleuten vor ▸Schichtbeginn gegen Abgabe einer Marke abgeholt werden

Landei

Mädchen, das vom Lande kommt, so aussieht oder sich so benimmt, vgl. ▸Trudchen, ▸Trutschka

lang

jemanden lang machen = jemanden anmachen, aufgeilen / *lüstern*

Langen [4. Fall = »Anrede«-Fall]

Anrede unter Jugendlichen, besonders gegenüber einem (nicht notwendigerweise unbekannten oder großgewachsenen) Menschen – »▸ej, Langen, schmeißma den Aschenbecher rüber« / *Mann*

Lapiralla

Unsinn, belangloses Zeug

Lappes

1. flapsiger Mensch / *Mann*   **2.** belangloses Zeug, *Unsinn*

Larri machen

Theater, *Ärger*, *Streit* anfangen

Laterne

schmeckt wie Laterne ganz unten = schmeckt abgestanden, eklig, scheußlich; vgl. wie ▸Hund (von) hinten, wie ▸Omma unterm Arm / *schlecht*

Latte

hohe Zech*schulden*

Lattenschuss

einen Lattenschuss haben = nicht alle auf der Latte haben, *verrückt* sein

Latüchte

1. Laterne, *Lampe*   **2.** *Kopf*

latzen

zahlen, berappen, vor allem unfreiwillig

lau

für lau = gratis, *umsonst*, geschenkt, vgl. für ▸notting, für ▸umme ·
Laumalocher = jemand, der sich vor der Arbeit drückt; arbeits-
scheues Subjekt · **Laumann**, **Lauschepper** = jemand, der auf Kosten anderer lebt, insbesondere trinkt oder raucht / *schnorren* /
-mann

Lauscher

Ohren

Lebbe, lange Lebbe

[wohl von: Lippe] missmutiger, auch leicht blöder *Gesichtsausdruck* – »▸etteken lässt mal widder de Lebbe hängen«, vgl. ▸Fleppe

lecker

1. ziemlich, *sehr* – »ihr haptat aber lecker waam inne Bude«
2. lecker▸Dierken = niedlich, *schön* anzusehn – »wat unser Marion
is, dat wird son richtich lecker Dierken, mit blonde Haare un so« /
Mädchen

leckomio

Ausruf (abgeschwächtes Götz-Zitat), mit dem Verblüffung, Bedauern oder Ver*ärger*ung ausgedrückt werden, nicht aber die Ablehnung eines Ansinnens / *überrascht*

Leibchen

leck mich doch am Leibchen = harmlose Abschwächung des Götz-
Zitats; drückt Erstaunen, *Überrasch*ung oder *Ablehnung* eines Ansinnens aus / *Ausruf* / *schimpfen*

Leo

ja bin ich denn der Leo? = *Ausruf*, mit dem ein Ansinnen empört
abgelehnt wird, etwa im Sinne von: ich bin doch nicht blöd / *Ablehnung*

Leukoplastbomber [veraltend]

scherzhaft für einige Kleinwagentypen der Nachkriegszeit, insbesondere Lloyd Alexander, Lloyd 300 / *Auto*

Licht

Lichtmann = Strom-Ableser (nach dem Muster von: Gasmann) / *-mann* · **das Licht noch mitm Hammer ausmachen** = ungebildet, rückständig, unzivilisiert, *primitiv* sein, vgl. die Miete mit dem ▸Revolver kassieren

Liegendes [*Bergbau*]

unter dem ▸Flöz liegende Gesteinsschicht, vgl. ▸Hangendes

Limburger

1.000 DM-Schein / *Geld*

Lochstein [*Bergbau*]

Grenzstein eines Grubenfeldes über Tage

locker

leicht, ohne weiteres, ohne Schwierigkeiten – »schaffssedatdenn mit soom kleinn Schraumzieher?/Abba locker!« · **locker vom Hocker** = ohne Probleme, mit Leichtigkeit / *einfach*

Lökel

Flegel, Lümmel

Loller [**Kindersprache**]

1. *Schnuller* **2.** Lutscher · **lollern** = *lutschen*, an etwas nuckeln, z. B. Daumen, Schnuller, Hemdzipfel

Lorbas

Lümmel, *Flegel*, Taugenichts; dabei schwingt ein wenig Anerkennung für das Schlitzohrige mit / *Gauner*

Lorche, Lorke

übelriechende, abgestandene *Flüssigkeit* / *Getränk*

Lore [*Bergbau*]

Transportwagen mit Kippmulde (z. B. für den Transport von ▸Abraum); vgl. ▸Hund

Lorenz

Sonne; beachte: der Lorenz scheint nicht, er knallt: »heute knallt der Lorenz widder wie bescheuert«

los

1. offen, *auf* (besonders Tür, Fenster, Verschluss) – »maddoma Fenster los, hier krissja keine Luft mehr« **2.** geöffnet – »dat Amt is heute nur bis Mittach los« / *auf* **3. mamma los!** = fang endlich

an! / *anfangen* · **lostigern** = sich auf den Weg machen / *gehen*
4. loses Weibchen [Taubenzüchtersprache] = Bezeichnung für eine
während der »Witwerschaft« von ihrem Vogel getrennte *Brieftaube*,
vgl. ▸Witwer

Löwenköttel
scherzhaft für: Frikadelle, Fleischklops / *Essen*

Luckebömmel
Schwachstromingenieur Luckebömmel = den Älteren noch wohlbekannte Figur aus der Kolumne ▸Pottkieker; Typ des pingeligen,
aber etwas weltfernen Bastlers / *Name*

Luckilucki machen
vorsichtig nach etwas Ausschau halten, etwas aus der Deckung
beobachten / *sehen*

lufttrocken
humorlos, farblos, dröge, *langweilig*, nicht begeisterungsfähig

lullen
1. an etwas herumnuckeln, kalt rauchen, *lutschen* **2.** herumdruck-
sen, um etwas herum*reden* – »nu lullma nich rum, los, ▸Butter beide
Fische, wat hasse denn?« · **Lulli** = etwas Seichtes, *Unsinn*iges –
»erzähl nich son Lulli«

Lümmelken
kleines (Kartoffel-)Schäl*messer*

Lümmeltüte
derb für: Präservativ / *Empfängnisverhütung*

lurig
schlapp, müde, lustlos; bei Kindern: knatschig, kränkelnd / *nörgeln* / *krank*

Lusche, (f.)
Spielkarte, die keine Augen zählt / *Spiel*; im übertragenen Sinn:
Feigling, Versager

Lutsche
abwertend für: *Frau* · **volle Lutsche** = mit aller Kraft / *sehr* / *energisch*

Lütte
der Lütte, die Lütte = kleines *Kind*

ma

(ein)mal; wird meistens ohne hörbaren Wortabstand angehängt und verändert häufig den Auslaut des vorausgehenden Wortes: »▸samma, wattis ▸eingslich los? kannzenichma im Keller ▸fitschen unten Bier raufholen?« / *Sprache*

Mäc [von frz. mec = Zuhälter]

ständiger *Freund*

Mache

1. jemanden in der Mache haben = vermöbeln / *schlagen*   **2.** etwas in der Mache haben = etwas in Bearbeitung haben »dein Pils is schon inne Mache!«

Mächtigkeit [*Bergbau*]

Dicke eines ▸Flözes, gemessen in senkrechter Richtung zu dessen Verlauf

Macker

1. Anrede oder allgemeine Bezeichnung für einen älteren *Mann*   **2.** fester *Freund* eines Mädchens

Mackes

Kraft, *Muskeln* – »du sollz dein Brei aufessen, Mann Keerl, sonz krisse doch nie Mackes inne Ahme«

madomma

zusammengezogen aus: mach doch mal!, vgl. ▸mamma / *Sprache*

Mafia-Torte [Jugendsprache]

Pizza / *Essen*

Mahlzeit!

nicht nur unausrottbarer Mittags*gruß* im Büro, sondern auch sarkastischer Kommentar, wenn etwas schiefgegangen ist (dann auch: prost Mahlzeit!); wird zunehmend durch den ebenso sarkastischen Kommentar »super!« ersetzt / *Ausruf* / *Versager*

Malakoff-Turm [*Bergbau*]

massives ▸Schachtgebäude aus Mauerwerk (etwa 1850–1880)

Malchen

Verkleinerungsform von: Amalie / *Vornamen*

Malessen, Malesten [von frz. malaise = Unwohlsein, Missbehagen]

mit etwas seine Malessen haben = gesundheitliche oder andere Schwierigkeiten haben, sich mit etwas herumplagen / *bemühen* / *krank*

malle (im Kopp)

verrückt, bescheuert

Maloche [von jiddisch meloche = Arbeit]

1. Arbeitsstelle   **2.** *Arbeit*, insbesondere schwere körperliche Arbeit

mamma

zusammengezogen aus: mach mal! – »nu mamma los, gleich isset fümf und dann stehsse im Stau«, vgl. ▸madomma / *Sprache*

Mampe, Mampe-Pampe

matschige, breiige *Masse*

Mampfe

Essen – »Sandra, komm rauf, et gibt Mampfe«

mangern

(nach Jürgen von Manger 1923–1994, der als Adolf ▸Tegtmeier auftrat) übertrieben Ruhrdeutsch sprechen, insbesondere wenn man längere Sätze nicht so, wie man sie angefangen hat, weil das ist schwierig, so dass sie hinten grammatisch unerwartet enden oder so / *Sprache*

Mann [*Bergbau*]

alter Mann, toter Mann = Hohlräume, die nach dem Abbau der Kohle mit Gestein aufgefüllt werden; abgebaute, nicht mehr benutzte Gänge und ▸Stollen eines Bergwerks

Männchen

das Männchen mit den Nagelschuhen spüren (das einem im Kopf herumspaziert, wenn man einen Kater hat) = einen Kater mit starken Kopfschmerzen haben / *betrunken*

Männekes machen

sich anstellen, Mätzchen machen, sich einer Aufgabe durch linkisches Verhalten zu entziehen versuchen / *Unsinn*

Manni

gebräuchliche Anrede- und Rufform für: Manfred / *Vornamen*

Manno, Mannomann, Man(n)ometer

Ausruf, der Erstaunen oder Bewunderung ausdrückt / *überrascht*

Mantaschale, Mantateller

Currywurst mit ▸Pommes rot-weiß / *Essen*

Mark

keine müde Mark = keine einzige Mark, keinen Pfennig (besonders als entrüsteter *Ausruf,* wenn man angepumpt wird) / *zahlen* /
Ablehnung · **hunderte/tausende von Marken** = unernste Pluralbil-
dung im Sinne von: viel *Geld*

Maschore

Menge, Anhäufung; Allerweltswort und Sammelbegriff für alles
Lästige, Negative (z. B. Arbeitsaufwand, Verwandtschaft usw.) /
Masse

Matratze

Matratze riechen = sich hinlegen – »ich brauch bloß Matratze
riechen und schon binnich ▸wech« / *Bett* · **die Matratze abhorchen** = *schlafen*

Matschauge

1. blaues *Auge,* »Veilchen«   **2.** entzündetes Auge

Matsche   siehe ▸Pommes

matschig

sich matschig fühlen = sich *krank,* müde, zerschlagen fühlen /
schlapp

Matte

lange *Haar*e, üppige Kopfbehaarung

Mat(t)ka [von russisch matka = Mütterchen]

dicke, plumpe (mütterliche) *Frau*

mau

sich mau fühlen = sich flau, *schlapp,* lustlos fühlen

Mau-Mau

1. Obdachlosensiedlung, asoziales *Stadtviertel*   **2.** Name eines Karten*spiel*s

Mauken

Füße, insbesondere wenn sie riechen (»Saftmauken«)

Meckerfott

jemand, der dauernd in aggressiver Weise herummeckert – »Oppa, du biss un bleibs ne alte Meckerfott« / *nörgeln* / *Mensch*

mehrere [Betonung auf der 2. Silbe!]

bedeutet etwa: nicht nur eins, sondern sogar mehrere – »hassemaen Blatt Papier für mich?/mehr<u>e</u>re, weil du et biss« / *Bekräftigung*

meimeln

regnen; leichter Dauerregen mit allenfalls kurzen Unterbrechungen

meinsweeng [typisches *Einschub-s*]

meinetwegen – »sollsedoch meinsweeng mit ihre scheiß Nehm-kostenabrechnung nachen Anwalt ▸stratzen! wennet nach mir geht, kannse jehnfalls ewig und drei Tage auffe Nachzahlung waaten«

Menkenkes

kleinliche Bedenken, Aufsässigkeit – »nu lassma die Menkenkes, schmeiß dich in deim taumblauen Bläser und komm mit Oppa zum Nahmstach grattelieren« / *Ärger* / *Ausflüchte*

Messing abwerfen

1. *Geld* einbringen, einträglich sein, sich rentieren / *Geschäft*
2. Klein*geld* herausrücken – »tuhße ma ▸ehmt anne ▸Bude ne Schachtel Mahlboro für mich holen?/dann werf (!) Messing ab!«

Meter

1. D-Mark (1.000 Meter = 1.000 DM) / *Geld*   2. **mehrere Meter** = jede *Menge*, viel (nicht auf Abmessungen beschränkt) – »zu Weihnachten habbich mir mehrere Meter Karl May gewünscht«
3. **auf die zwei Meter gehen** [*CB-Funkersprache*] = *schlafen* gehen, ins (ca. 2 m lange) *Bett* gehen [ursprünglich in der Sprache der lizensierten Amateurfunker: die Sendefrequenz wechseln und auf das 2-Meter-Band (144–146 MHz) umschalten]

Michelinreifen

scherzhaft für den Fettwulst, der sich beim Zusammendrücken der *Bauch*decke oder beim Hinsetzen bildet (nach dem Reifen-männchen »Bibendum«, dem Wahrzeichen von Michelin); vgl. ▸Ersatzreifen

Micke
verächtlich für: *Auto* – »is dat Benzin schon wieder ▸alle? ▸boah ej,
die Micke säuft noch mehr wie dein Vatta, glaubich«

Mickermännchen
kleinwüchsiger, mickriger *Mensch* / *klein* / *-mann*

Miefsocken
olfaktorisch erkennbar getragene Socken, Strümpfe / *Kleidung*

Miegampe(l) [plattdeutsch]
unter Älteren noch gebräuchlich für: Ameise / *Tier*

Miege
Urin; abgestandene, übelriechende *Flüssigkeit* – »watisdattan forne
Miege, dat sollen ▸Köpi sein?« · **miegen** = pinkeln / *urinieren*

Miegewippe
Schiffschaukel / *Spiel*

Miets- [typisches *Einschub-s*]
Mietshaus, Mietskaserne, Mietsvertrag sind im Ruhrgebiet auch
in »offiziellen« Dokumenten häufig anzutreffen

Mikätzchen
Lehrerin, die Mitte der sechziger Jahre die von NRW-Kultusminis-
ter Mikat eingeführte verkürzte Ausbildung absolviert hat / *Lehrer*

Milchtöte [langes offenes ö wie in engl: Sir]
Aluminiumkanne mit Tragbügel und Deckel, in der man, bis in die
fünfziger Jahre hinein, »lose« Milch holte / *Gefäß*

Mimik [gesprochen: Mimmik]
Platzhalterwort oder Sammelbegriff für eine technische Vorrich-
tung – »hasse dein Weierless-Adapter schomma aufgehabt? ich
möchtat ma sehen, wattida fürne Mimik reingedonnert haam« /
Technik

Mimmelquieke
kleines *Auto* [wohl lautmalerisch nach dem sirrenden Klagelaut des
unterdimensionierten Motors oder auch des nicht sogleich erfolg-
reichen Anlassers]

minnigens
mindestens; auch als *Ausruf*: **minnigens!** = und ob!, mehr als
das! / *Bekräftigung*

Minute

seine dollen fünf Minuten haben = toben, durchdrehen, wobei aber zu erwarten ist, dass der Betreffende sich bald wieder einkriegt / *Ärger*

Mist-

Mistbiene = Schimpfwort, mit dem man in bezug auf ein *Mädchen* oder eine *Frau* seiner Verärgerung über ein bestimmtes Verhalten Ausdruck verleiht · **Mistbolzen** = unsympathischer, schlechter, gerissener *Mensch* / *schimpfen* · **Mistkacke** = nicht ganz logische Steigerung von ▸Kacke, als *Ausruf* auch: **Mistikack!**

Mlotek   siehe ▸Mottek

Moffa [die oder das Moffa]

gängige Aussprache von »Mofa« (verkürzt aus Motorfahrrad)

möffen

gelinde, aber nachhaltig *stinken*, schlechten Geruch verbreiten

Molle

Bett · **in die Molle schieben** = ins Bett gehen

Mongölchen

derb, aber nicht bösartig für: mongoloides Kind, Wasserkopf / *Behinderter*

Monte Katerno

scherzhaft für den Essener Stadtteil Katernberg / *Ortsnamen*

Monte Schlacko

scherzhaft für: Abraumhalde / *Ortsnamen*

Möpp

fieser Möpp = Fiesling, unsympathischer *Mensch*

Moppät

gängige Aussprache von »Moped« – vgl. ▸Moffa

Moppen [Plural]

Geld

moppern

(nicht besonders heftig) meckern, *schimpfen*

Möppes

eher liebevoll gemeinte Anrede für einen knuffigen *Mensch*en, der entweder *gutmütig*-umgänglich ist oder dem man bei aller Schlitz-ohrigkeit einfach nicht böse sein kann / *Gauner*

Möpse

1. große, pralle Brüste / *Busen*   2. *Geld*

morbus Bahlsen

scherzhafte Diagnose, wenn jemand »einen an der Waffel« / »einen weichen Keks« hat / *verrückt*

mords

sehr, mächtig, mordsmäßig; zur Steigerung gebraucht – »mann Kehrl, du biss ja mords auf Zack!« / *Bekräftigung*

Mott [der Mott]

Modder, Matsch / *Dreck*

Mottek [von polnisch mlot]

Hammer / *Werkzeug*

Muckefuck

dünner *Kaffee*, Kaffeeersatz

muckelig

gemütlich, warm, geborgen – »so, jetzt leengwerdich ersma inne muckelig warme ▶Molle, und dann schläfsse ganz schnell ein, Mama lässt auchet Licht im Flur an«

mucker auf etwas sein

auf etwas geil, scharf sein, hinter etwas her sein; »mussema beide Krippo rumwedeln mit dem Schrieb; watt meinze wattie Jungs mucker werden« / *lüstern* / *Verlangen*

Muckis

Muskeln, Kraft in den Armen · **Muckibude** = Fitnessstudio / *Sport*

mucksig

verdrossen, auf schweigsame Art aufbegehrend (besonders von Kindern) / *aufsässig*

muffe(l)n, müffe(l)n

dumpf, schlecht riechen / *stinken* · **Müffi** = 1. Geruchsverbesse-rer (den man auf die Fensterbank stellt)   2. ungepflegt riechender

Mensch / stinken · **Muffkopp** = stets schlecht gelaunter, unwirscher, unfreundlicher *Mensch / nörgeln*

Muffensausen kriegen

es mit der *Angst* bekommen, Angst vor der eigenen Courage haben, Fracksausen haben; auch: **dem geht die Muffe eins zu tausend**

Mule [plattdeutsch]

Maul, *Mund* – »holl de Mule!« = sei still!

Mundloch [*Bergbau*]

Eingang eines ▶Stollens

Murke

dicke, wegen ihrer Schwierigkeit oder ihres Umfangs seit Jahren unerledigte *Akte*

muscheln, musseln [stimmhaftes s]

1. nachlässig, unsauber *putzen* 2. knubbeln, schmusen / *Liebe* 3. wursteln, *basteln*, sich durchlavieren

müssen

dat musse nich (▶**nochmaa) machen!** = sanfte, aber bestimmte Zurechtweisung: das darfst du nicht / *schimpfen*

Mutter

satte Mutter = derb für: vollbusiges *Mädchen / Busen*

Mutterklötzkes

übriggebliebene Stücke vom Strebholz, die die Bergleute als Brennholz nach Hause (zu Muttern) mitnahmen. Zu lange Stücke mussten erst auf ▶Küppersbuschlänge zurechtgesägt werden, damit sie in den Ofen (der Marke Küppersbusch) passten / *Bergbau*

Mütze

1. *Mengen*bezeichnung, z. B.: »sich eine **Mütze** Schlaf gönnen« = ein Viertelstündchen bis ein paar Stunden schlafen 2. **einen Draht aus der Mütze kucken haben** siehe ▶Draht · **ein bisschen kurz unter der Mütze sein** = eine niedrige Stirn haben, nicht sehr intelligent sein / *Trottel* · **einen an der Mütze haben** = *verrückt*, meschugge sein 3. **einen in der Mütze haben** = *betrunken* sein

Mu(t)zemandeln

trockenes, festes süßes Gebäck (»Nonnenfürzchen«), das in der Karnevalszeit oder zu Weihnachten gegessen wird / *Essen*

Mutzkopp

Kopfnuss / *schlagen*

nabbeln

wie ein Nagetier an etwas herumknabbern oder -kauen; winzige Stücke abbeißen / *essen*

nach

ersetzt bei längeren Entfernungen das Verhältniswort »zu« (vgl. ▸bei) – »ich fahrma ▸ehmt nach Kaastadt« – »der Müller soll sofort nachem Chef kommen« Berühmt geworden ist der Dialog mit einem Hochdeutsch sprechenden Ausländer: »Wo gehtet hier nach Aldi?/<u>zu</u> Aldi!/wie – schon zu? is doch erst halb sechs!« / *Sprache*

Nachtpölter

Nachthemd, vgl. ▸Schlawwanzuch« / *Kleidung*

Nagel

einen Nagel im Kopp haben = *verrückt* sein

nageln [Jugendsprache]

1. *fahren*; vgl. ▸brettern **2.** Geschlechtsverkehr haben / *Sex*

Naht

bezeichnet eine beachtliche *Menge* in Zusammensetzungen wie z. B.: sich eine Naht zusammenrülpsen / *sehr*

Nasenbleiche

Entziehungsanstalt für Alkoholiker / *Nervenklinik*

nass

jemanden nass machen = **1.** [Knastsprache] jemanden ausnehmen, jemandem das Fell über die Ohren ziehen / *unehrlich* **2.** jemandem eine vernichtende Niederlage (beim Sport oder Spiel) beibringen / *besiegen*

nee, nö?

[Aussprache: nee mit langem e wie in Nebel, nö mit kurzem e-Auslaut wie in Kantine, aber mit einer deutlichen Nuance von offenem ö wie in Köttel] Ausdruck der Skepsis oder des Entsetzens, auch im Sinne von: Das darf doch nicht wahr sein! – »ich wollt nur ▸ehmt Bescheid sahng dattich ▸grade dein Golf inne Leitplanke gesetzt hab!/nee, nö?« / *Ausruf*

Neger-

Negergeld = schwarzes, dem Finanzamt verschwiegenes *Geld* ·
Negerpimmel = derb für: Stück Blutwurst / *Essen* · **Neger-**
schweiß = schlechter (Anstalts-)*Kaffee*

Neujährkes

Eiserkuchen (dünnes, zu kurzen Röhren gerolltes Waffelgebäck, das
in der Silvesternacht zum Sekt gereicht wird) / *Essen*

nickelig

1. (Kind) unartig, verbockt, *aufsässig*   **2.** (Erwachsener) hinterhäl-
tig, *gemein* / *Ärger*

nigelnagelneu

funkelnagel*neu*

noch und nöcher

reichlich, immer mehr, in Hülle und Fülle / *sehr*

nochmaa [Betonung auf der 2. Silbe]

bedeutet keine Wiederholung (das hieße: ▸nomma), sondern wird
zur Verstärkung an einen Ausruf angehängt – »▸verdorrich nochmaa« / *Bekräftigung* / *sehr* / *Sprache*

nölen

unzufrieden, unleidlich sein, jammern, meckern, *nörgeln*

nomma [Betonung auf der 1. Silbe]

noch einmal – »versuch doch nomma, vielleicht klappet jetz«, vgl.
aber: ▸nochmaa · **nonimma, nonimmals** = noch nicht einmal –
»du hassja nonimma Zähne geputzt, nu abama fix« / *Sprache* ·
nonnich = noch nicht / *Sprache*

für **notting** [von engl. nothing = nichts]

umsonst, für ▸lau, ohne Gegenleistung – »meinze etwa du ▸krissat
für notting? ▸irngswat musse da schon für ▸raustun«

Nuckelpinne [veraltend]

kleines, schwach motorisiertes *Auto*

Nülle [wohl von: Kanüle]

derb für; *Penis* · **Nüllenflicker** = **1.** derb für: Fach*arzt* für
Geschlechtskrankheiten   **2.** [Soldatensprache] Sanitäter

Nümmerchen putzen/machen

Kegeln: die Zahlen 1 bis 9, 12 (Kranz) und 15 (Kranz Hand) werden für jede Mannschaft auf die Tafel geschrieben und dürfen bei einem entsprechenden Wurf gelöscht werden; Sieger ist die Mannschaft, die als erste alle »Nümmerchen geputzt« hat

nuschen

jemandem eine nuschen = eine Kopfnuss oder eine rasche (aber nicht sehr heftige) *Ohrfeige* verpassen – »hör endlich auf zu brüllen, oder willze noch eine genuscht krieng?« / *schlagen*

Nuss

Kopf – »wenner sich nomma muckt, gibsse ihm einfach einen auffe Nuss«

Nüssel [stimmhaftes s]

Nase – »dauernd steckter sein Nüssel in Sachen wo ihn nix angehn«

Nutten-

Nuttendiesel = scherzhaft für: *Parfüm* · **Nuttenporsche** = Sportwagen mit besonders schnittiger Karosserie, unter der sich nicht gerade ein Hochleistungsmotor verbirgt / *Auto* · **Nutten-TÜV** = scherzhaft für: Gesundheitsamt (bei dem sich die »Registrierten« regelmäßig untersuchen lassen müssen), vgl. ▸Bockschein / *Prostitution* · **Nuttenzobel** = Mantel oder Jacke aus Kaninchenfell / *Kleidung*

Ober-

Oberkotten = übergeordnete *Behörde*, z.B. Oberlandesgericht · **Obermacker** = wer das Sagen hat; Großkotz, großer Zampano, Big Boss / *Mann* / *Chef* · **Oberzocker** = leidenschaftlicher Karten- oder Glücksspieler; die Bezeichnung drückt zugleich Bewunderung oder Anerkennung der Hartnäckigkeit und des Erfolgs aus

och ja [och mit kurzem, offenem o]

eingeschränktes, zögerliches oder abwägendes Ja – »wie isset?/och ja, muss« / *Ausruf*

Ofen

Schuss in den Ofen siehe ▸Schuss · **Öfsken** = kleiner Ofen; Verkleinerungsform mit dem typischen *Einschub-s* vor der Verkleinerungssilbe -ken, z.B. auch: Äuchsken, Bänksken / *Sprache*

offen

auf – »nä, hier gehtet offen« – »►mamma ►ehmt dat Fenster offen« (merke: als Resultat ist das Fenster nicht »auf«, sondern »►los«)

ohne

kann zur Verdeutlichung mit »mit« gekoppelt werden – »kammann da mit ohne Schlips rein?«

Ohren [nur Plural]

DM, Euros; »bisse dulle? die wolln hier zehn Ohren dafür haam, und inne ►Wollwott krisse dat gleiche Zeuch für siem« / *Geld* · **da legste die Ohren an** = staunen (nur auf den Gesprächspartner, nie auf den Sprecher bezogen) – »wennichen Kickdaun mach, leechse aber die Ohren an« / *überrascht* · **die Ohren auf Durchzuch stellen** = nicht zuhören, *ignorieren* · **da kriegen die Ohren Besuch** = (nämlich von den Mundwinkeln) breites Grinsen, helle Freude über eine gelungene Überraschung oder freudige Ankündigung) / *lachen* · **sich die Ohren brechen** = sich *ungeschickt*, umständlich anstellen · **willzen Satz heiße Ohren?** [Jugendsprache] = Androhung einer *Ohrfeige* · **jemandem eine schallern, dat ihm en Satz Ohren fehlt** = jemandem eine kräftige *Ohrfeige* versetzen

ölen

1. *schwitzen* **2.** *langsam gehen/fahren* **3.** [Knastsprache] betrügen / *unehrlich*

oll

alt, unansehnlich · **Olle** = allgemein für *Frau*, insbesondere die eigene oder die Ehefrau eines Duzfreundes – »du daafs dich nie mehr Gaaten anschaffen ►als wie deine Olle umgrahm kann« · **Ollen, Oller** = Alter, *Freund, Mann*

Omma

Ommas Gebiss = Figur beim *Kegeln* (es stehen nur noch der linke und der rechte Bauer) · **schmeckt/riecht wie Omma unterm Arm** = *schlecht*, unangenehm, scheußlich schmecken, vgl. wie ►Hund (von) hinten, wie ►Laterne ganz unten / *stinken*

Omme

Nase

ömmelig

unansehnlich, mickrig

ömmeln – vgl. beömmeln

Ömmes

1. *Dingsda* 2. großer *Gegenstand*

Onkel

früher übliche und durchaus respektvolle *Anrede*, mit der Kinder einen Fremden ansprachen: »Onkel, kannze mir mal die Uhr sahng?« · **Onkelehe** = in der Nachkriegszeit geläufige Bezeichnung für das Zusammenleben einer Witwe mit einem Mann, den sie nicht heiratete, um ihre Witwenrente nicht zu verlieren. Der Begriff geht darauf zurück, dass die Kinder der Witwe den Mann als »Onkel« (+ Vorname) zu bezeichnen pflegten.

onnoma

verkürzt aus; auch noch mal – »lammido onnoma ran am Kuckloch« / *Sprache*

onnüesel, onnösel [plattdeutsch, Betonung auf der 2. Silbe]

nur noch von Älteren gebraucht: ungemein / *sehr* – »da binnich aber onnösel froh«

Opas Lumpi siehe ▸spitz

orgeln

1. den Anlasser lange betätigen, ohne dass der Wagen anspringt / *Auto* / *bemühen* 2. derb für: schier endloser, mechanischer Geschlechtsverkehr / *Sex*

Örni siehe ▸Earnie

Ort [*Bergbau*]

das Ende eines ▸Stollens, dort wo das Erz oder die Kohle abgebaut wird. Daher der Ausdruck **vor Ort**

Oschek

1. Junge im Schulalter oder darüber / *Kind* 2. großer *Gegenstand*

Oschi

Allerweltsbezeichnung für einen (meist relativ großen) *Gegenstand*

ösig [langes offenes ö wie in engl.: Sir]

1. *unangenehm*, peinlich, nicht leicht zu durchschauen oder zu meistern – »mit sonne Dingers kannze leicht inne ▸zimmich ösige Situation kommen« 2. knatschig, mürrisch, kratzbürstig / *nörgeln*

Ösken [offenes, langes ö wie in engl: Sir]

    1. kleines, insbesondere witzig-freches *Kind*   **2.** kleines *Tier*

Osnik

    Uhr – »wat schmust der Osnik?« = wieviel *Uhr* ist es?

Ötsch [Plural: Ötschen]

    Spatz; auch: jeder andere kleine Vogel – »jedesmal, wenn unser Hans-Jürng en toten Ötsch findet, machterne Kuhle im Gaaten, tuten mit wat Watte da rein und fängt am heulen, wenner dat Ganze widder zuschippt und son Holzkreuzken drauftut« / *Tier*

Ötter

    Rotz, Popel / *Nasenschleim*

Otto

    den dicken Otto markieren = aufschneiden, wichtig tun / *Angeber* · **flotter Otto** = *Durchfall*, flotter ▸Heinrich · **toter Otto** = scherzhaft für: Kornbrand der Marke Fürst Bismarck / *Getränk*

Ötzen   siehe ▸Urzen

Packaan [Betonung auf der 1. Silbe, veraltet]

    ein *Mann*, der einer alleinstehenden Frau bei Kraft erfordernden Arbeiten hilft und im Verdacht steht, ihr Liebhaber zu sein

Packende

    griffiger Ansatzpunkt zur Lösung eines Problems – »weisse, dattis ▸sowat von vertrackt, da finze einfach kein Packende« / *Problem*

Paias   siehe ▸Peias

Pampa

    1. durch die Pampa heizen [Jugendsprache] = durch die *Gegend* brausen, über Land *fahren*; vgl. ▸Botanik, ▸Walachei   **2. Pampas** = Obdachlosensiedlung – »der kommt doch ausse Pampas, den ▸Seger!« / *Stadtviertel*

pampen, rumpampen

    meckern, schmollen, ständig übellaunig reagieren; vgl. ▸anpampen / *schimpfen*

Pampuschen

    Pantoffeln, Haus*schuh*e, insbesondere aus braunem Filz oder Cord

pängstern

belästigen, drisseln, jemandem ständig mit einem Wunsch in den Ohren liegen – »wie lange willze unsern Vatta eingtlich noch pängstern mit dein scheiß Wehlahnruhter oder wie dat Dingen heißt? Alzede den DSL-Anschluss füret Zeuchnis dazugekricht hass, hassenochesacht jetz hätze allet watte wollz!« / *lästig*

Panhas

in Scheiben gebratenes Gericht aus Wurstbrühe und Buchweizenmehl; früher typisches Arme-Leute-*Essen* »wusstesse datse am Niederrhein aufem Pannas Rühmkraut drauftun?« · **dann is Panhas am Schwenkmast** (auch: **am Krissbaum**) = dann ist der Teufel los, dann geht es drunter und drüber / *Aufregung*

Panne

[*Bergbau*] *Schaufel* · **Pannschüppe** = große, runde *Schaufel* · **pannen** = *schaufel*n, schüppen, auch allgemein: schwer *arbeit*en · **eine Panne ziehen** siehe ▸Schüppe

panne

dämlich, *verrückt* – »Mensch ich bin ▸donnich panne im Kopp!« · **Pannemann** = äußerst dämlicher, verrückter Mensch / *Trottel* · **Pannemann und Söhne** = Bezeichnung für einen äußerst dämlichen, *verrückt*en Menschen; *Ausruf*, der eine besonders dämlich herbeigeführte Situation kommentiert / *Trottel* / *-mann*

pännekesfett

1. schwärmerischer Ausdruck für ein fettes oder reichliches *Essen*
2. gut leben, ausgesorgt haben – »der hattet jetz doch pännekesfett mitti Abfindung die er gekricht hat« · **Pannschuber** = flaches Pfannenmesser, z. B. für Reibekuchen / *Küche*

päpen

weinen, schreien, plärren (Kleinkind)

pappen

kleben · **einen Papptus machen** [ältere *Schülersprache*], **pappen bleiben** = in der Schule nicht versetzt werden, hängenbleiben / *Zeugnis*

Papst

einen Papst in der Tasche haben = ein *Glück*spilz sein, einen guten Draht zum Herrgott haben

Parkmieze

städtische Bedienstete, die Falschparker aufschreibt / *Strafzettel*

Pas(e)lack

Prolet, Flegel, *Ausländer* [im Plural: Gesocks] – »in Bottrop wohnen doch nur Paslacken, da kannze die Körriwuast noch mit Zloty bezahlen«

Pastek [-ek = polnische Verniedlichungsendung]

Pastor / *Geistlicher*

Patte

1. *Geld*   2. *Brieftasche* · **Pattenzieher** = Taschen*dieb*

Pättken

kleiner Pfad, Feld*weg* · **Pättkenfahrt, Pättkestour** = Fahrradtour, insbesondere auf ländlichen Fahrradwegen, z. B. im Münsterland / *fahren*

Pätzkes

Kinder*hände*; Pfoten junger Tiere

Patzköttel, Pätzköttel

1. Pferdeäpfel / *Kot*   2. auch Schimpfwort für *Kinder* / *schimpfen*

Peias [von frz. paillasse = Strohsack, Strohpuppe]

nicht ernstzunehmender, alberner Mensch, Hanswurst; jemand, der sich lächerlich macht und es nicht merkt / *Trottel*

peilen

kapieren / *verstehen*

Pellmänner [nur Plural]

Pellkartoffeln / *Essen* / *-mann*

Penunse(n) [von polnisch pieniadze]

Geld

petschen

etwas umwerfen, *abschlagen*, abhacken

Pfandhaus

nach dem Pfandhaus gehen (*Uhr*) = die falsche Zeit anzeigen, nach dem Mond gehen

Pfanne

    die Pfanne am eitern haben = *verrückt* sein, nicht richtig ticken

Pfarrer

    etwas machen wie Pfarrer Assmann = etwas machen können, wie man will – »Wie machte Pfarrer Assmann dat denn?/wie Pfarrer Nolte!/und der?/wie ert wollte« / *egal*

Pferd

    jemandem **einen vom Pferd erzählen** = das Blaue vom Himmel *lügen*, jemandem etwas völlig Absurdes einreden wollen – »erzähl mir ▸donnix vom Pferd« · **Pferde**▸miege = schlechtes *Bier*

Pfund

    *Geld*schein; Sprachgebrauch aber uneinheitlich: 20, 50 oder 100 DM · **volles Pfund** [als Umstandsbestimmung] = *energisch*, mit Vollgas, *sehr*

Picheltour

    Zechtour, Zug durch die Gemeinde / *trinken*

pickepackevoll

    überfüllt, bis zum letzten Mann besetzt / *voll*

Piepenkerl   siehe ▸Stutenkerl

piesacken

    mit Kleinigkeiten *ärger*n, schikanieren

pieschern

    familiär für: pinkeln / *urinieren*

Piesel

    Einfaltspinsel, der seiner Umwelt nicht gewachsen ist / *Trottel* · **Pieselkopp** = umständlicher, übergenauer Mensch / *Pedant*

Piez [der Piez!]

    weibliche Brust – »geht doch nix ▸fürn strammen Piez« / *Busen*

Pilleente [Kindersprache]

    Plastikente für die Badewanne (aus unerfindlichen Gründen meist knallgelb), in Luxusausführung als Quietscheente aus Gummi

Pillefüße [Kindersprache]

    Füße, insbesondere Kinderfüße

Pille(r)mann

    1. [Kindersprache] *Penis*; vgl. ▸pillern / -mann   **2.** Eigenname aus der lokalen »Hänschen klein«-Variante: »Hänschen klein ging allein in den Ess'ner Turnverein, hängt am Reck, fällt im Dreck, bums da is die Nase weg. Kommt der Dokter Pillemann, klebt die Nas mit Spucke an. Da besinnt sich das Kind, kehrt nach Haus geschwind«

Pillepopp

    Unsinn, unnützes Gerede, Wischiwaschi

pillern

    1. abkucken; vorsichtig Ausschau halten / *sehen*   **2.** [Kindersprache] pullern, pinkeln / *urinieren*

Pimpernelle

    die Pimpernelle(n) kriegen = zuviel kriegen, Zustände kriegen, etwas nicht mehr aushalten können / *Ärger* / *verrückt*

Pine

    *Schmerz*en, insbesondere Bauchweh / *krank*

pingen, Pingenbau [*Bergbau*]

    (Tagebau:) flächenhaftes Abgraben des ▸Flözes von der Oberfläche her · **Pinge** = trichterförmige Vertiefung, die durch einen verfallenen ▸Schacht oder das Graben nach Kohle entstanden ist

Pinkatsch   siehe ▸schabbeln

pinkulieren

    scherzhaft für: pinkeln / *urinieren*

Pinneken, Pinnchen

    Glas Schnaps; kleines Schnapsglas / *trinken* · **Pinneken/Pinnchen ziehen** = eine *Entscheidung* dadurch treffen, dass man jemandem ein langes und ein kürzeres Streichholz so hinhält, dass nur die Enden sichtbar sind; wer »den kürzeren zieht«, hat verloren / *Spiel*

pinnen

    (schnell) *schreiben, vgl.* abpillern

Pinnorek [-ek = eigentlich polnische Verniedlichungsendung]

    großer, langer (auch: spitzer) *Gegenstand, Werkzeug*

Pipifax [Kindersprache]

    kinderleichte Aufgabe / *einfach* · **pipileicht** = kinderleicht

Pipigaudi [Betonung auf der 3. Silbe]

besonderes Futter, das die *Brieftaube* vor einem Wettbewerb »scharf« machen soll und dessen Zusammensetzung (meist Hanf (!), Rüb- und Leinsamen) das wohlgehütete Geheimnis eines jeden ▸Duwenvadders ist

Pips

den Pips haben = erkältet sein, Schnupfen haben; auch allgemein für ein unbestimmtes, nicht ernstzunehmendes Wehwehchen / *krank*

Pissel [stimmhaftes s]

etwas *Dünn*es, Langes, Überstehendes, z.B. Ziergras, aber auch Niednagel / *Gegenstand* · **Pisselskram** = *lästig*er, überflüssiger Klein*kram* · **Pisselinten, Pisselümpen, Pisselumpen, Pisselünnen** = leicht abwertender Sammelbegriff für alle Arten von Gegenständen: **1.** Klamotten, *Kleidung* **2.** Krempel, Siebensachen, *Kram* – »Werkvertrach, nachem BGB, also dat is, wenn der Besteller die Pisselümpen besorcht unze nachen Unternehmer hinbringt und der se zusammenkloppt, währnt bein Werklieferungsvertrach, da besorcht der se selps; verdienter ja ▸onnoma schön dran«

Pissfix

Export*bier* (dessen harntreibende Wirkung größer ist als die von Bieren Pilsener Brauart)

Pisspöttchen

Ackerwinde, ein Unkraut mit kelchförmigen weißen oder rosa Blüten

pitschen [von polnisch pic = trinken]

sich einen pitschen = sich genüsslich be*trinken*, saufen

Pitschendopp

konischer Holzkreisel, der mit einer kleinen Peitsche geschlagen und dadurch zur Rotation gebracht wird / *Spiel*

Pitter-

Pitterkasten = Besenschrank / *Möbel* · **Pitterken, Pittermann, Pittermesser** = kleines, sehr scharfes Küchen*messer* / *-mann*

Placken

flächiges großes *Stück*, insbesondere aus einer Deckschicht – »dann hauter mitter Hacke so richtich dicke Placken Eis los«

Plan

keinen Plan von etwas haben = ahnungslos sein, sich mit etwas nicht auskennen / *Versager*

plästern

1. heftig *schlagen*   2. heftig *regnen* (Platzregen) · **sich einen plästern** = sich be*trinken*

Pläte

1. Glatze, Kahlkopf – »hasse gesehn wat den Rudi inzwischen fürne Pläte hat? wien Beatle mit Schiebedach« / *Haar*   2. auch allgemein für: *Kopf*

platt machen

1. *töten*, überfahren, *besiegen*   2. (Geld, Schecks) ausgeben – »gestern habbich schon widder zweihundert Euros plattgemacht« / *zahlen*

pläuschen

einen Schwatz, einen Plausch halten/*reden* · **Pläuschken** = kleiner, gemütlicher Schwatz / *reden*

Plauze

Wampe, dicker *Bauch*

Plecke

Tischtennisschläger / *Sport*

Plempe

1. Pistole, Gewehr / *Schusswaffe*   2. Papp, breiiges *Essen* / *Masse*

plinken, plinsen

ein Auge riskieren, hin*sehen*, *vgl.* ▸spinksen

Plöppverschluss

Schnappbügelverschluss mit Keramikkopf und Gummidichtung für *Bier*flaschen

Plörren, Plünnen [nur Plural]

Kleider, *Kleidung*

Plunsche

Badewanne – »willze nich lieber duschen? wennze inne Plunsche gehs, hasse doch bloß den ▸Kniest vonne ▸Quanten als Ring ▸ummen Hals«

sich **plusterig fühlen**

Völlegefühl nach zu üppigem Essen / *satt*

Pocke

1. dicker (Bier-)*Bauch*   **2.** *Fussball*

Pohlbürger

Alteingesessener; jemand, dessen Familie schon seit Generationen in diesem Ort wohnt / *Mensch*

pöhlen

*Fußball spiel*en, insbesondere im Hinterhof, ohne Regeln und mit nur wenigen Spielern; vgl. ▸dötschen, ▸holzen · **Pöhlers** [nur Plural] = *Fußball*schuhe / *Schuhe*

Pökeltour

scherzhaft für: Fahrtroute für den winterlichen (Salz-)Streudienst

Pollack [Betonung auf der 1. Silbe]

meist im Plural gebrauchtes Schimpfwort für: **1.** Asoziale; ungepflegte oder durch schlechtes Benehmen auffallende *Mensch*en **2.** (= ursprüngliche Bedeutung:) Polen, Polenaussiedler, alle, die aus Osteuropa kommen / *Ausländer* · **Pollacken-Flachrennen** = **1.** verächtlich für: Ausflugsverkehr in Massen, insbesondere ältere Leute, die nur auf ebenen, gepflasterten Wegen gehen **2.** Käuferscharen in einer Einkaufsstraße beim Schlussverkauf / *kaufen*

Polnischplatt (mit Zungenschlag)

scherzhaft für: Ruhrdeutsch, Kohlenpott*sprache*

Pölter, Polter

Schlafanzug; vgl. ▸Nachtpölter, ▸Schlawwanzuch / *Kleidung*

Pommes [gesprochen wie geschrieben]

Pommes frites – »schmeißmaen Pommes zum Probieren rübber« / *Essen* · **Pommesbude** = *Imbiss*bude, · **Pommes mit Majo/mit Schlampe** = mit Mayonnaise · **Pommes mit Matsche/rot-weiß/Pommes Schranke** = mit Ketchup und Mayonnaise; vgl. ▸Mantaschale / *Essen*

Pömpel

Gummistampfer für verstopfte Abflussrohre; die Variante »Pümpel« ist eher außerhalb des Ruhrgebiets üblich / *Werkzeug*

Poofe
Bett

poofen
schlafen

Porpmonee
Ausprache von: Portemonnaie / *Geld*

Poscher auf Kralle haben
Geld in der Hand haben, Bargeld haben

Pöter [Kindersprache]
Po, *Hintern*

Pottkieker
1. neugieriger Topfgucker   2. **Johannes Pottkieker** = Pseudonym des Kolumnisten, der etwa 30 Jahre lang (bis 1945) in der »Essener Volkszeitung« schrieb; seine Figuren aus dem Alltag (wie ▸Erpelschulte, ▸Luckebömmel, ▸Spinnewipp) waren sehr populär und sind im Sprachbewusstsein der Älteren bisweilen noch heute lebendig / *Name*

poulen [Taubenzüchtersprache]
bei einem Flugwettbewerb Geld auf eine *Brieftaube* setzen

Präser
Kondom, Präservativ / *Empfängnisverhütung*

Präses
salopp für Präsident / *Chef*

Prempe
langes, *beleidigt*es Gesicht · **prempig** = 1. eingeschnappt, *beleidigt*   2. dummdreist, eingebildet / *Angeber*

Prengel
besonders dicker, kräftiger länglicher *Gegenstand* (z. B. Ast, Fleischwurst, Schlagstock)

primif
scherzhaft für: *primitiv*

Probe [Kindersprache, veraltet]
Ball*spiel*, insbesondere von kleinen Mädchen gespielt: der Ball wird mit dem Körper so oft wie möglich gegen eine ca. einen halben Meter entfernte Mauer gestoßen und darf dabei nicht zu Boden

fallen – »erst 10 Brüstchen, dann 5 Kniechen« bedeutet: der Ball muss zehnmal mit der Brust und dann fünfmal mit dem Knie gestoßen werden

prockeln

mit dem Finger oder mit einem stockähnlichen Werkzeug heftig in etwas herumstochern, vgl. hingegen: ▸prokeln · **Prockeleisen** = ▸Stocheisen für den Kohleofen / *stochern*

Pröddel

1. Garn*knäuel* **2.** verfilzte Stelle im *Haar*

pröffen, proffen

etwas gewaltsam hineinstopfen, z. B. in einen über*voll*en Koffer oder in den schon vollen Mund; vgl. ▸prufen / *essen*

prokeln

bedächtig in etwas herum*stochern* oder etwas daraus hervorzuholen versuchen – »jedesma wennich mitkrich, wieersich widderne Stecknadel ausse Gardine holt und damit stunn'nlang inne Zähne rumprokelt, wirtet mir ganz anders«; vgl. hingegen: ▸prockeln

Proll, Prolo [Jugendsprache, Plural: die Prolls]

1. Prolet **2.** unter Poppern und Schickimickis: Sammelbezeichnung für den Rest der Menschheit / *Mann*

Prömmel

1. rundliches *Kind* **2.** *Knäuel* · **prömmeln** = verknautschen, unordentlich zusammenlegen, insbesondere Wäschestücke / *zerknittern*

prufen

sich den Mund vollstopfen, mit vollen Backen kauen; vgl. ▸pröffen / *essen*

prümeln

etwas unordentlich zusammensetzen oder -nähen / *Arbeit* / *Unordnung*

prutschen

etwas ohne Fachkenntnisse notdürftig reparieren oder unsachgemäß zusammen*basteln*

Prütt

*Kaffee*satz, insbesondere am Boden der Tasse

Puckel

gebräuchliche Aussprache von »Buckel« · **puckeln** [*Bergbau*] = einem Kumpel (auf Basis kollegialer Gegenseitigkeit) in der Wasch▸kaue den Rücken einseifen und schrubben / *waschen*

Pullefass [Kindersprache]

Badewanne

Pumpe

Fehlwurf in die Rinne beim *Kegeln*

Püngel

Bündel; Trage*beutel* mit Siebensachen, z. B. Turnbeutel

Punkt

einen auffen Punkt kriegen = einen Faustschlag zwischen die Augen bekommen / *schlagen*

Puppen

ab in die Puppen = marsch ins *Bett*

puppig [Kindersprache]

einfach, kinderleicht – »dat geht doch puppig«

pupsatt

familiär für: so *satt*, dass man sich nicht mehr rühren kann

Puschen

Pantoffeln, Haus*schuhe* · **in die Puschen kommen** = sich beeilen, fertig werden / *schnell*

Püschken

kleines Schwein / *Tier* · **Püschken auffe Leiter** = eine bestimmte Fadenfigur beim Abnehm*spiel*

Pusselümpen [stimmhaftes s] siehe ▸Pisselümpen

Püster

Pistole, Gewehr, insbesondere älterer Bauart (mit trichterförmigem Lauf, Meuchelpuffer) / *Schusswaffe*

Pütt [*Bergbau*, von lat. puteus = Grube, Schacht]

Bergwerk, ▸Zeche, ▸Schachtanlage · **Püttgeld** = Arbeitslohn des Bergmanns / *Geld* · **Püttmann** = *Bergmann/-mann* · **Püttrologe** = scherzhaft für: *Bergmann*

Putz-

> **Putzlappengeschwader** = 1. Gruppe Haus*frauen* 2. Frauen vom Reinigungsdienst · **Putzolle** = abwertend für: *Putzfrau*

quaatschen

> greinen, wehleidig weinen (Kind) / *nörgeln*

Quaksack

> eher milde Beschimpfung eines *Mensch*en, der zuviel redet oder lamentiert – »nu haltma de Luft an, du ollen Quaksack watte biss« / *reden*

Quanten

> Füße

quatern

> *reden*, quatschen, plaudern · **Quaterkopp** = jemand, der gern und viel redet, belangloses Zeug quatscht oder alles kommentieren zu müssen glaubt / *reden* / *Mensch*

Quotilde

> kalauernd für eine Frau, der man nachsagt, sie verdanke ihre Ernennung oder Beförderung nur der Quotenregelung / *Frau*

Rabatz machen [Betonung auf der 1. Silbe]

> Krach schlagen, lärmend protestieren bis an die Grenze der Handgreiflichkeit / *Lärm* / *Ärger*

Rabotti [von russisch »rabota« = Arbeit]

> *Geld*, Lohn · **Rabotti machen** = hart *arbeit*en, um viel Geld zu verdienen

Rache Montezumas

> heftiger (hochliquider) *Durchfall*, besonders auf Reisen in südliche Länder

Rachulla

> Raffzahn, der (beim Essen, Trinken, Geldverdienen) den Hals nicht vollkriegen kann / *Verlangen*

Rad

> **ein Rad abhaben** = *verrückt* sein, spinnen · **am Rad drehen** = durchdrehen, zu spinnen anfangen – »wollterdoch die Tabs von mein Gebissreiniger im Aquarium tun, dattat Grüne wechgeht, sachter. Ich glaub, jetz drehter echt am Rad« / *verrückt*

Raditzefummel [Schülersprache]; vgl. ▸Ratzefummel
Radiergummi

raffen
1. etwas *verstehen*, kapieren   **2.** etwas schaffen, können, fertigbringen / *gelingen*

Ramba-Zamba
Trubel, ausgelassene Aktivität, High Life (Gegensatz: tote ▸Hose) / *feiern*

rammdösig
verrückt, schwindlig (vor Lärm, Gerede usw.); vgl. rattendoll

Rampelsant [veraltet]
Stellvertreter, Ablösung, insbesondere der *Ersatzmann* (frz.: remplaçant), den im Königreich Westfalen (1807–1813) unter Napoleon zum Militär einberufene Wohlhabende gegen entsprechendes Entgelt stellen konnten. Damals im übertragenen Sinne auch: der Liebhaber, mit dem sich die Ehefrau eines zum Militärdienst Einberufenen tröstete. / *Mann*

Ranschleiche
*Tanz*schuppen; nicht Disco, sondern eher Tanztee oder Ball der einsamen Herzen

Rappelfott [die Rappelfott]
unruhiger, *nervöser*, zerstreuter *Mensch* · **Rappeltrine** = *nervös*es *Mädchen*, weiblicher Zappelphilipp

rappelvoll
voll besetzt – »alle Paakplätze rappelvoll«

rappzapp
lautmalerisch für: ruckzuck; *schnell*e Bewegung

Rathaus   siehe einen ▸Kopf wie ein Rathaus haben

rattendoll, rattendüll
1. aufgeregt, durchgedreht, hektisch, *nervös*   **2.** begierig / *Verlangen*

rattenscharf
einmalig, einsame Spitze – »hatter ihr echt Blümkes auffe Motorhaube geährbrascht? findich ja rattenschaaf« / *gut*

Ratzefummel   siehe ▸Raditzefummel

ratzen
scheinbar genüsslich, tief und gegen Eigen- und Fremdgeräusche immun *schlafen*, insbesondere nach der Nacht▸schicht aufem ▸Soffa und endlich mal nicht nur für die kurze Zeitspanne zwischen den (üblicherweise mit milden körperlichen Attacken verbundenen) ehelichen Koseworten »▸boah du schnaachs!« und »Vatta, auf- stehn!«

rauben [*Bergbau*]
Fördermaterial aus einem Abschnitt zwecks weiterer Verwendung an anderer Stelle abbauen

Räuber und Schanditt [Kindersprache, Betonung auf dem i]
Verballhornung von: Räuber und Gendarm (ein Fang- und Ver- steck*spiel*)

rauspopeln
1. rauspulen, in mühsamer Kleinarbeit aus etwas anderem heraus- holen **2.** mit Geduld und Akribie herausfinden, erfahren

raustun
(Geld) ausgeben, auslegen, spendieren, be*zahlen* – »wennze wat Besseret ham willz, musse schon en ▸Blauen raustun«

Recklinghäuser Schlinge
Drahtschlinge, mit der Autoknacker bei einigen älteren Autotypen durch die Gummilippe des Seitenfensters den Entriegelungsknopf der Tür hochziehen konnten / *Werkzeug*

Reihe
etwas aufe Reihe kriegen (auch: bringen) = in eine Ordnung, einen (logischen) Zusammenhang bringen, sich genau erinnern (meist verneinend gebraucht); vgl. ▸geregelt kriegen / *verstehen*

rein' Wort Gottes
anerkennender Ausdruck für einen guten Wein oder Schnaps / *Getränk*

reinfegen, reinpfeifen
sich etwas reinfegen, reinpfeifen = etwas rasch zu sich nehmen, schnell etwas *essen* oder *trinken* – »ersma zwei Bier reinpfeifen, vor- her habbichen zu trockenen Hals, da kann ich nur rum▸kröchzen«

reinfetzen [Jugendsprache]

ein großer Erfolg sein – »gestern dat Rockkonzert hat widder tierisch reingefetzt« / *gut*

reinhauen

tüchtig *essen*

reinpfeifen   siehe ▸reinfegen

reinwürgen

jemandem einen reinwürgen = jemanden heftig tadeln, zur Schnecke machen, zusammenscheißen / *schimpfen*

reinzerren

sich etwas reinzerren [Jugendsprache] = etwas zu sich nehmen, *essen*

reinziehen

sich etwas reinziehen [Jugendsprache] = **1.** etwas zu sich nehmen, *essen*   **2.** konsumieren, (Musik) hören, *genießen*

Remmel

ein ordentlich großes *Stück*, z. B. ein Remmel Käse / *Menge*

Rettungsring   siehe ▸Ersatzreifen

Revier

im *Ruhrgebiet* eher ungeliebte Bezeichnung für ▸Kohlenpott

Revolver

die Miete mittem Revolver kassieren = sich brutal, unzivilisiert oder rückständig aufführen; vgl. das ▸Licht noch mitm Hammer ausmachen / *primitiv*

Riese

1.000-DM-Schein / *Geld*

Ritzenschieber [veraltend]

1. Arbeiter, der früher die Straßenbahnschienen mit einer Eisenstange reinigte   **2.** abwertend für jede Art ungelernter *Arbeit* – »wenne dieset Jahr wieder ▸pappenbleibs, kannze doch nur noch Steine kloppen gehen oder Ritzenschieber werden« / *Mann*

Rochus [aus dem Jiddischen]

auf jemanden einen Rochus haben = Wut haben, zornig auf jemanden sein / *Ärger*

Röllekes

Lockenwickler / *Haar*

rölschen

unruhig sitzen oder liegen, so dass das Bettlaken oder die Sitzdecke »verrölscht« ist / *Unordnung*

roppzopp   siehe ▸rappzapp

Rot-Weiss

1. *Fußball*verein Rot-Weiss Essen   2. siehe ▸Pommes

Rotzbremse

Knopfreihe am Ende des Jackettärmels (die dessen Verwendung zum Schneuzen verhindert) / *Kleidung*

Rotzigen

ej, Rotzigen [»Anrede«-Fall] = früher gängige *Anrede* unter Kindern für einen fremden Jungen

Rotzlöffel

1. unartiges, freches *Kind*   2. Ohren – »du kriss gleich ein hinterde Rotzlöffel, du alte ▸Meckerfott« – »soll ich dir ma die Rotzlöffel langziehen?«

Roulette

vatikanisch Roulette = *Empfängnisverhütung* nach Knaus-Ogino

Rü

Rüttenscheider Straße in Essen, vgl. ▸Kö / *Ortsnamen*

rubbel die Katz

1. eh man sichs versieht / *schnell*   2. anfeuernder *Ausruf* etwa im Sinne von: auf geht's!, nur keine Hemmungen!

rüberschmeißen, rüberwerfen [kurzes ü]

her*geben*, reichen – »ej, kannzema die Maggiflasche rübberschmeißen?«

ruckizucki

ruckzuck, im Nu / *schnell*

Ruhrschleichweg

Galgenhumor für: *Ruhrschnellweg* (jetzt: A 40)

ruich [Aussprache: mal zweisilbig, ru-ich, mal einsilbig wie in »pfui!«]

ruhig; auch im Sinne von: durchaus, gern, ohne Weiteres – »die Schlafpillen da kannze ruich zwei von nehmen« / *Bekräftigung*

Rulle machen, Rulle haben

bei einigen Kinder*spiel*en (Kriegen, ▸Räuber und Schanditt) kann der Verfolgte unter bestimmten Voraussetzungen die angewinkelten Unterarme vor der Brust walzenartig umeinander kreisen lassen (Rulle machen) und darf dann nicht gefangen oder abgeschlagen werden (weil er »Rulle hat«)

Rülpswasser

Sprudel, Mineralwasser / *Getränk*

rumjachtern, rumjächtern

1. aus Langeweile ziellos in der Gegend herumlaufen oder *fahren* / *gehen* **2.** dauernd unterwegs sein

rumjückeln

gemütlich herum*fahren*, ins Blaue fahren

rumklucken

ohne konkreten Anlass oder bestimmtes Ziel ständig in einer Gruppe *zusammen sein*; in einer Clique gemeinsam die Zeit vertrödeln [neudeutsch: »abchillen«]

rumplästern

wild mit einem Ball herumschießen, werfen / *Spiel*

rumschlehnen

nicht ordentlich *sitzen*, sich fläzen; vgl. ▸rölschen

rumschlumpfen

sich *herumtreiben*, umherschlendern (z. B. Kneipen-, Einkaufsbummel)

rumschlüren

etwas mit sich herumschleppen, hinter sich herziehen, achtlos bei allen Unternehmungen *mitnehmen* – »hömma, jetz kommsse bald im Kindergaaten, da kannze aber deine Schmusedecke nichmehr überall mit rumschlüren«

rumsülzen

1. herumgondeln, rumjückeln / *fahren*   2. um den heißen Brei herum*reden*   3. auch: ständig mäkeln und *nörgeln*

rumturnen

irgendwo anders aktiv sein, sich irgendwo hervortun wollen – »den Heinz hamse auf Montage geschickt, der turnt jetzt irgendwo beide Ölscheichs rum« – »weisse schon datten ▸Hebbert jetz im Vorstand vonnen Kleingaatenverein rumturnt?« / *bemühen*

Runzelkarte

verbilligte Fahrkarte für Senioren (»Aktion Verwandtenschreck«) / *fahren*

Ruppiger   siehe ▸Samtkragen

Rüttentütt

scherzhaft für: Rüttenscheid (Essener Stadtteil) / *Ortsnamen*

Sabbelwasser getrunken haben

redselig sein, unaufhörlich *reden*

Sack

angeben wien Sack Seife = fürchterlich aufschneiden / *Angeber* · **jemandem auf den Sack gehen** = jemandem auf die Nerven gehen, *lästig* fallen · **sich die Falten aussem Sack bügeln** = sich (aus Langeweile) ausgiebig mit Unnützem beschäftigen / *langweilig*

Sackhaaresbreite

um Sackhaaresbreite = *beinahe*; viel hätte nicht gefehlt

Saftarsch

relativ harmlose Beschimpfung für einen *Mann*, der etwas falsch gemacht oder Erwartungen enttäuscht hat / *schimpfen*

samma

zusammengezogen aus: sag mal / *Sprache*

Sammis [Kindersprache]

rautenförmige flache Salmiakpastillen, die vorzugsweise nacheinander angeleckt, zu sternförmigen Gebilden auf dem Handrücken aneinandergeklebt und dann als Gesamtkunstwerk abgeleckt werden – »ich hab noch Sammis für Sternkes auffe Hand zu machen« / *Bonbon*

Samtkragen

Gespritzter, Ruppiger (klarer Schnaps mit einem Schuss Magenbitter, der sich wie ein Kragen oben absetzt) / *Getränk*

sarrich, sarret

verkürzt aus: sage ich, sag es / *Sprache* · **sarrichma** = einer Aussage nachgehängtes Füllwort, das erkennen lässt, dass der Sprecher sich seiner Sache nicht ganz sicher ist – »die Abwrackprämie hilft Opel doch onnich gescheit aussem Quak, sarrichma« · **Sarrichma so:** = ebenso überflüssige Einleitung wie das gleichbedeutende: »Ich würde dazu Folgendes sagen/lassen Sie es mich mal so formulieren«

Satz heiße Ohren   siehe ▶Ohren

Sau

hier sieht es aus wie Sau/wie bei Sau(s) = hier sieht es dreckig, unaufgeräumt aus / *Schmutz* / *Unordnung* · **sauig** = schweinisch, säuisch, *unanständig* · **Saukopp** = relativ mildes Schimpfwort für einen *Mensch*en, über den man sich ärgert, insbesondere, weil er einem die eigenen Pläne durchkreuzt hat / *Mann* / *schimpfen* · **Sausack** = derbe Beschimpfung, bei der neben der Verärgerung auch ein wenig Bewunderung und Respekt mitschwingt / *Mann* / *schimpfen*

sauber!

ironischer *Ausruf*, Tadel, wenn jemand etwas genau verkehrt macht oder wenn etwas in die Hose geht / *schimpfen*

Säufersonne

scherzhaft für: *Mond*, Vollmond

säuseln

etwas verraten, andeuten, verlautbaren – »hatter nix davon gesäuselt, oppenu Urlaub kriss oder nich?« / *reden*

Schabau [Lehnwort aus dem Kölschen, Betonung auf der 2. Silbe] Schnaps / *Getränk*

schabbeln

unter Schulkindern beliebtes Geschicklichkeits*spiel*, bei dem Geldstücke so gegen den Fuß einer Mauer geworfen werden müssen, dass sie möglichst nahe daran liegen bleiben; auch als **Pinkatsch** bezeichnet [möglicherweise lautmalerisch für das Geräusch beim Aufprall und Fall der Münze]

schäbbig

1. schlimm, *schlecht* – »also wennet wat anne Niere is, dann issat echt schäbbig« **2.** äußerlich *unansehnlich*, hässlich **3.** *gemein, moralisch verwerflich*

Schacht [*Bergbau*]

senkrechter Hohlraum, der mehrere ▸Sohlen untereinander oder mit der Erdoberfläche verbindet; je nach Verwendungszweck auch als ▸Wetter-, Förder-, Material- oder ▸Seilfahrtschacht bezeichnet

Schächtelchen Bier

verharmlosend für: Kasten (nicht: Sixpack) *Bier* – »gestern warnwer doch ganz zivil: zwei Schächtelchen ▸Fiege, und ab und zu en Pinneken Korn, damitwert nich so trocken runterwürng mussten«

Schackeline

übliche Aussprache des eine Zeit lang beliebten *Vornamens* Jacqueline – »Käwwin, hör auf, die Schackeline ein zu ▸nuschen, meinz ich seh dat nich?« Auch andere Grausamkeiten bei der Namensgebung wie »Geneviève Czibulski« oder »Chantal Matussek« sind im Ruhrgebiet nicht selten.

schallern

1. laut *singen* **2.** anschellen, um einen kleinen Obulus zu erbitten (z. B. die ▸Aschenmänner unter dem Vorwand, ein »Frohet Neuet Jahr« zu wünschen)

Schaluppi

Schlitzohr, Lausebengel, *Gauner*

Schande

ach du Schande = *Ausruf*, der Erstaunen oder Erschrecken ausdrückt / *überrascht*

Schanditt   siehe ▸Räuber und Schanditt

Schapp

Küchenschrank, Vorratsschrank; auch: Schubfach / *Möbel*

schättern

meckern, *schimpfen*

Scheetz

1. *Freund* eines Mädchens, Strulli   2. Kumpel – »du bissen tofften Scheetz, ährlich« / *Freund*

scheintot

zwischen 80 und scheintot = ur*alt*, vergreist

scheinz   siehe ▸anscheinends

Scheiße

ach du Scheiße = *Ausruf*, der Erstaunen oder Erschrecken ausdrückt / *überrascht* · **Scheiße bauen** = großen Mist machen, etwas total falsch machen, einen großen Fehler begehen / *Fehlschlag* · **Scheiße schreien** = sich köstlich (oder voller Schadenfreude) über etwas amüsieren, sich tot*lachen* – »den Kraftcyk hamse nach Dohrtmund versetzt? ich könnt Scheiße schreien« · **Scheißspiel!** = *Ausruf*, der Enttäuschung oder Verärgerung über einen ungünstigen Verlauf der Dinge ausdrückt / *Fehlschlag*

Scheißoletten

scherzhafte Sammelbezeichnung für Abführmittel in Tablettenform / *Medikament*

Schellemännchen, Schellemännkes

1. siehe ▸Klingelmännchen   2. *Messdiener* (etwa in der Fronleichnamsprozession)

scheppen   siehe ▸Panne, pannen

Schese

leicht abwertend für: *Mädchen* · **Schesemännchen sein** = *betrunken* sein / *-mann*

Schicht

[*Bergbau*] Arbeitszeit unter Tage; beginnt mit der ▸Seilfahrt und endet mit der Ausfahrt nach über Tage · **auf Schicht gehen** = allgemein für: zur *Arbeit* gehen · **Schicht machen** = etwas für diesen Tag abschließen, beenden; Feierabend machen · **Schicht schieben** = eine festgelegte Zeit lang arbeiten, vor allem als Nacht- oder Wechselschicht · **Schichtgebet** [*Bergbau*] = gemeinsames Gebet der Bergleute vor Arbeitsbeginn; diente zugleich der Anwesenheitskontrolle

Schickse [aus dem Jiddischen]
leicht abwertend für *Mädchen*, alberne Göre

schießen [*Bergbau*]
sprengen (um zum Vortrieb eines ▸Stollens oder zum Abteufen eines ▸Schachtes Fels zu lösen) · **Schießhauer** = Sprengmeister im *Bergbau*

Schipploch
das meist ovale *Loch* kurz über Bodenhöhe in der Hausfassade oder in der Vorderkante der Steintreppe zur Haustür, durch das die Kohlen für den Hausbrand direkt in den darunter liegenden Kohlenkeller geschaufelt wurden

Schisser
eher zärtliche Bezeichnung oder Anrede für ein kleines *Kind* – »na komm schon, du Schisser, nimmen Finger aussem Popo und gib ▸Onkel Händchen«

Schisskojedno [von polnisch wszystko jedno = egal]
Ausruf mit der Bedeutung: was solls?, nichts zu machen, ist doch *egal*, Jacke wie Hose

Schlabber-
Schlabberdönken [langes ö] = weit geschnittenes, aufwendig gearbeitetes *Kleidung*sstück mit Rüschen oder Spitzeneinsatz · **Schlabberkappes** = zu weich gekochtes, breiiges, wenig schmackhaftes *Essen*, speziell Weißkohl

schlabbern
1. (etwas Unwesentliches) absichtlich *auslassen*, weglassen, übergehen   **2.** auch: *trinken* – »sollnwer nochen Kaffee schlabbern, oder willze nach Hause?«

Schlaffi
träger, lustloser Mensch ohne Energie, Initiative und Durchsetzungsvermögen; insbesondere antriebsloser Student / *Mensch* / *schlapp*

Schlafittchen
jemanden **am Schlafittchen packen** = am Weglaufen hindern, *festhalten*

Schlag
einen Schlach mit der Wichsbürste haben = *verrückt*, dämlich sein

Schlägel und Eisen [*Bergbau*]

Bergmannswerkzeug (▸Gezähe); Schlägel = Schlaghammer mit quadratischem Querschnitt; Eisen = keilartiges Spitzeisen mit Stiel. In gekreuzter Darstellung das Symbol für den Bergbau / *Werkzeug*

Schlagwetter, schlagendes Wetter [*Bergbau*] siehe ▸Wetter

Schlampampel

1. Schlamassel, verfahrene, missliche Lage / *unangenehm* **2.** Sammelbegriff für wertloses Zeugs / *Kram*

Schlampe

Fritten mit Schlampe siehe ▸Pommes

Schlappen

einen im Schlappen haben = angetrunken, *betrunken* sein

Schlappi siehe ▸Schlaffi

Schlawwa, Schlawwanzuch

Schlafanzug; vgl. ▸Nachtpölter / *Kleidung*

Schleife

Geld, Geldschein = »für ▸lau tut der dat nich, da musse schon en paar Schleifen hinlegen«

Schleimi

jemand, der sich in unterwürfiger Art bei Vorgesetzten *einschmeicheln* will – »der Siepenkötter, den ollen Schleimi? Neulich wollter sogaarm Personalchef im Aasch kriechen. Hattersich abba fies vertan, weil da saß schon der Willi Konopka drin« / *Mensch*

schlempern

verschütten, daneben gießen, kleckern, plempern; vgl. ▸verschlempern

Schlick

Schluckauf

Schlickefänger

1. unruhiges, nervöses *Kind* **2.** gewitzter, durchtriebener Mensch, der es faustdick hinter den Ohren hat / *Gauner*

schlindern

mit Anlauf über eine Eisbahn rutschen, schlittern (aber nicht: ungewollt auf Eis ausrutschen); im Winter galt es früher unter Kindern als Mutprobe, einen Fremden anzusprechen mit der möglichst unschuldsvoll vorgebrachten Frage »▶Onkel, pinkelsse mir ne Schlinderbahn?« / *Spiel*

Schlirch   siehe ▶Schlickefänger

Schlönzken

gammelig (▶schlunzig) gekleideter, aber sympathischer *Mensch* / *Unordnung*

schlören   siehe ▶schlüren

schlörig

ungepflegt, ▶schlunzig / *Unordnung*

schlörren

1. unordentlich *gehen*, latschen; beim Gehen die Füße nicht hochheben, schlurfen   **2.** lästigerweise mit sich herumtragen, hinter sich herziehen – »also nee, Deine ganzen Plüschviecher schlörrich nich ▶onnoch mit!« / *mitnehmen*

Schlot

witziger oder durchtriebener *Mensch* – »dem Schlot sein Lehmslauf kannzen Roman draus machen« / *Gauner*

Schluffen

1. *Auto*reifen – »jetzt macht die ▶Micke richtig wat her, mit extra breite Schluffen und ▶sowat von tiefer geleecht!«   **2.** Hausschuhe, Pantoffeln, *Schuhe* · **treuer Schluffen** = treuherziger, *gutmütig*er *Mann*

Schlunz, Schlunzkopp

unordentlich oder gammelig gekleideter *Mann*; weibliche Form: **Schlunze** / *Unordnung* · **schlunzig** = unordentlich, ungepflegt / *Unordnung*, vgl. ▶verschlunzen

schluppen

1. schlurfen / *gehen*   **2.** hineinschlüpfen – »ahms schluppt Vatta ersma inne ▶Pampuschen rein«

schlüren lassen

sich um etwas nicht kümmern, einer Sache nicht die gehörige Beachtung schenken, ein Projekt nicht aktiv betreiben, Müßiggang und Schlendrian einreißen lassen / *egal*

schlürren   siehe ▶schlörren

127

Schluwen

faserige Bestandteile in einer Flüssigkeit, z. B. Frucht*fasern* im Apfelsinensaft

Schmacht

Schmacht haben auf etwas = Lust (*Hunger*) auf etwas haben / *Verlangen* · **Schmachtlappen** = **1.** langer, dürrer Mensch, der ausgehungert aussieht, so als hätte er ständig Schmacht / *dünn* **2.** schlanker, gutaussehender *Mann*, einer zum Anschmachten / *schön*

Schmackes

mit Schmackes = mit voller Kraft (»Bronchialgewalt«), voll Schwung loslegen, an die Arbeit gehen / *energisch*

Schmecklecker

jemand, der weiß, was gut ist / *genießen*

Schmierlapp, Schmierläppken

1. jemand (insbesondere Kind), der sich ungern, nur sporadisch oder allenfalls partiell wäscht – »neulich sarrich fürn Manni, datter gefällichs Seife nehm soll. Dreima daafse raten, wattat Schmierläppken fürne Antwort gegehm hat: weisse, Mutti, sachter, dann lassichet Waschen doch libber ganz bleim!« / *Schmutz*fink **2.** unseriöser *Mensch, Gauner*

Schmulch

Zigarette · **schmulchen** = eine *Zigarette* rauchen

Schmunzelwasser

Sekt, Schampus / *Getränk*

Schmuseblues

▸Lalla, bei der man besonders langsam und innig *tanzen* kann

Schmuseleine [von jiddisch schmusen = reden]

scherzhaft für (schnurgebundenes) *Telefon*

schmüserig

1. verschmust, zärtlich, sich nach zärtlicher Berührung sehnend / *Liebe* **2.** weich, kuschelig (Kissen, Pullover) / *kuscheln*

Schnäbbelliese

Klatschtante; *Frau*, die gern, viel und schnell redet · **schnäbbeln** = viel herum*reden*, sehr schnell und mit neugierig-entrüstetem Unterton über andere herziehen

schnacken

zurückschnellen (Gummizug) – »undann ziehssese fein erotisch von hinten am BH, und sobalze mitte Augen rollt, lässten ganz schnell schnacken« / *Schleuder* · **lass schnacken!** = Aufforderung, mit etwas loszulegen / *Ausruf*

sich einen **schnasseln** [stimmhaftes s]

einen *trinken*, sich (genüsslich) besaufen

Schnatz

kein Schnatz = kein bisschen, kein Sterbenswörtchen – »da hatter kein Schnatz von gesacht« / *nicht*

Schnellfress

Schnell-*Imbiss*, Schnellrestaurant mit Selbstbedienung

Schnick-Schnack-Schnuck

bei Kindern beliebtes Knobel*spiel* mit Handzeichen, bei dem »schnick-schnack-schnuck« skandiert wird; bei »schnuck« müssen alle Kontrahenten eine Faust (»Stein«), zwei gespreizte Finger (»Schere«) oder die flache Hand (»Papier«) zeigen; gewonnen hat der nach folgender Regel Überlegene: Schere schneidet Papier, Stein schleift Schere, Papier wickelt Stein ein

Schnief

keinen Schnief haben für etwas = 1. keine Lust auf etwas haben / *schlapp* 2. keinen Mut, keine Traute zu etwas haben / *Angst*

Schnippedillrich

Flipper, *Spiel*automat, bei dem eine Kugel möglichst lang auf dem abschüssigen Spielfeld gehalten werden muss

schnirpeduhn siehe ▸duhn

Schnoratti

eine geschnorrte *Zigarette* (nach der bis 1960 existierenden Zigarettenmarke Muratti), vgl. van ▸Anderen / *schnorren*

Schnotten, Schnötten

1. *Nasenschleim*/Rotz 2. Hautunreinheiten im Gesicht

Schnuffel

Kosewort; *Anrede* für einen Menschen, den man lieb hat, der aber gerade schmollt oder sauer ist und den man umstimmen möchte / *Liebe* · **schnuffig** = *niedlich*, süß, allerliebst

schnuppern

naschen, ständig Süßigkeiten zu sich nehmen / *essen*

schnurcheln

selig, sanft, tief und ungestört schlummern, *schlafen*; drückt eine gewisse Leichtigkeit und Ausgeglichenheit aus, während »▸ratzen«, »▸knacken« usw. eher den bleiernen Schlaf meint. Erwachsene knacken, Kinder schnurcheln

schnurz und piepe, schnurzegal

schnuppe, völlig *egal*

Schnüss

Schnute, *Mund* (insbesondere eines Kindes)

schnüten

1. (Tabak) schnupfen   2. [plattdeutsch] sich schneuzen / *Nasenschleim*

Schocken

(ausgetretene) *Schuhe*

Scholle

breiter, eiserner *Riegel* an der Tür – »Mach die Scholle vor!«

Scholli

mein lieber Scholli! = *Ausruf* des Erstaunens über Größe, Bedeutung oder auch Bedrohlichkeit einer Sache oder eines Ereignisses; vgl. ▸Kokoschinski, Kukuschinski / *Name*

Schore

1. Ware, große *Menge*, *Dieb*esgut, Sore   2. zweifelhaftes, unerlaubtes Vorhaben / *unehrlich*

Schoss [kurzes o]

Schublade – »türlich weißichenau, dattichet gestern im Schoss getan hab, da woet immer liecht, wo denn sonz!/Ach nee, und kannzmirma saang, watattan is?« (wobei die Hausfrau den gesuchten Gegenstand triumphierend und mit spitzen Fingern hoch-

hält) / *Möbel* · **dat Schoss raus haben** = nicht zurechnungsfähig
sein, *verrückt*

Schote
1. tölpelhafter Missgriff mit unangenehmen Folgen – »gestern hat
sich mein Schwester widderne Schote geleistet: machtsede Wasch-
maschine aus, wose noch gaanich fertich is, und alzich heute dat
Bullauge aufmach, habbichde ganze Brühe auffe Füße« / *Fehlschlag* 2. Anekdote, *witz*ige Begebenheit– »die Biergitt hat gestern widder Schoten von ihren Heinz erzählt, ich konnt nich mehr«

Schott
1. *Tür, Fenster* – »mammat Schott dicht, hier ziehtet« 2. [Knast-
sprache] Zellen*tür*

Schöttelplaggen
Spültuch / *Küche*

Schotter
(viel) *Geld* – »wenne in Abu Dhabi auf Montage bis, kannze echt
Schotter machen«

Schrank
vor den Schrank laufen = auflaufen, scheitern, auf massiven Wider-
stand stoßen / *Fehlschlag*

Schranze [veraltet]
zickiges *Mädchen* aus feinerer Wohngegend

Schrapphals, Schrapper, schrappig
Geizhals, *geizig*

schrill [Jugendsprache]
aufregend, spannend, *gut*

schroh [langes offenes o]
dürr, ausgemergelt, schmächtig, *dünn*

Schröwen [langes offenes ö wie in engl: Sir]
Reste, insbesondere nicht verbrannte Kohlen- oder *Schlacke*reste,
die von sparsamen Hausfrauen aus der Asche herausgesucht und
erneut im Ofen verheizt wurden

schruppen
einen Gegner bei Sport oder *Spiel* haushoch *besiegen*

Schrux

Mist, Tinnef, unbrauchbares Zeugs, Billigartikel, über die man sich schon kurz nach dem Kauf ärgert – »hier hasse 20 Märker; schmeiß den ganzen Schrux auffem Müll und kauf dir wat Anständiget« / *Kram*

Schtiek

früher häufig zu hörende, vermeintlich korrekte Aussprache von »Steak« / *Essen*

schubbeln

(großflächig) jucken, reiben, *kratzen* – »wertich nie vergessen, wie den Seniorchef da vor seim Bungalow in Almeria steht und sacht, für ihn gibbet nix schöneret als auffe Terrasse inne Ahmtsonne blinzeln und dabei mittem Rücken am Rauhputz auf und ab schubbeln«

Schubiak

Lump, Schlitzohr, *Gauner* (Schreibweise wohl aufgrund der falschen Vermutung, das Wort stamme aus dem Polnischen; tatsächlich aber von niederl. schobbejak = abgewetzte Jacke)

Schuck

Markstück (1 DM) / *Geld*

Schuhe

runde Schuhe anhaben, die Schuhe verkehrtrum anhaben = *betrunken* sein

in Schuld   siehe ▸inschuld

Schulla [*Schülersprache*]

Schularbeiten, *Hausaufgaben* – »hasse Schulla?« = hast du die Schulaufgaben fertig?

Schüppe

1. *Schaufel*, vgl. ▸Panne   **2. eine Schüppe/Panne ziehen** = eine ▸Fleppe ziehen, *beleidigt* sein, konkret: die Unterlippe vorschieben – bei Kindern die mimische Vorstufe zum *Weinen*   **3. Schüppen** = lange, ungepflegte Fingernägel / *Hände*

schuppen

schubsen / *Stoß*

schüskes

tschüs – »na denn schüskes, bis die Tage« / *Gruß*

Schuss

Schuss in den Ofen = vergeblicher Versuch, *Fehlschlag*

Schwanzpreis [Taubenzüchtersprache]

Preis für die letzte *Brieftaube*, die bei einem Wettbewerb noch in die Wertung kommt

Schwarzkaue [*Bergbau*]

Umkleideraum für Arbeitskleidung, im Gegensatz zur Weißkaue, in der die Zivilkleidung aufbewahrt wird

schwer

beliebtes Füllwort zur Steigerung – »da kommsse ja endlich! Waa schon schwer am waaten!« / *sehr*

schwiemelig

schwindlig, benommen, schwummerig / *krank*

Sechseck

im Sechseck springen = 1. von einer Nachricht oder Situation völlig überrascht oder überfordert werden / *überrascht* 2. vor Wut, Angst, Freude oder Hektik durchdrehen, wegen extremer Arbeitsbelastung rotieren / *nervös*

Se(e)ger (auch: der Se(e)gers)

1. lebenslustiger, temperamentvoller *Mann* 2. ungehobelte Person, Prolet, *Flegel*

Seepenspönken [plattdeutsch, langes ö]

(wörtlich: Seifenspänchen, früher als Abführzäpfchen benutzt) *dünner*, zarter *Mensch*

seiger [*Bergbau*]

senkrecht

Seilfahrt [*Bergbau*]

Transportfahrt mit dem Förderkorb im ▸Schacht (nur für Menschen)

selbstgestrickt

selbst gebastelt, Eigenbau / *basteln*

Semmelkopp

harmloses Schimpfwort für einen dümmlichen Menschen / *Trottel*

Senge

pädagogisch motivierte Tracht Prügel (herzhaft, aber nicht brutal) / *schlagen*

Serwieh [mit stimmhaftem s!]

als vornehm geltende, vermeintlich korrekte Aussprache von (frz.) service = Gedeck, Tafelgeschirr / *Küche*

Sesselpuper

Beamter, *Bürokrat* – »kannzoch nix anneret von erwaaten von so Sesselpupers: anstattata endlichmaan neuen Spielplatz gibt, hamset rundum geflastert und son ▸Kawenzmann von Betongtitte draufgesetzt, is anscheinz ›Kunz am Bau‹ oder sowatt«

sexich

Aussprache von: sechzig – »da bisse sexensexich und immer noch auffe Rente am waaten; ich fintat gaanich komisch« / *Sprache*

Siebzehnerschlüssel

Synonym für jede Art von Flaschenöffner (weil ersatzweise auch ein Maulschlüssel mit 17 mm Spannweite herhalten kann) / *Werkzeug*

Siff

1. salopp für Syphilis / *krank*   *2.* Mist, *Unsinn* – »son alten Siff hatter widder gelabert, zwei Stunden lang, da krisse echt ein am Appel« · **versifft** = (im Laufe der Zeit) eklig verdreckt – »dein Gäjmbeu is so versifft, den musse ma kärchern!« / Dreck

Siggi

gebräuchliche Anrede- und Rufform für: Siegfried / *Vornamen*

Smarties

(farbig überzogene Schokoladelinsen, scherzhaft für:) Antibabypillen / *Empfängnisverhütung* / *Medikament*

Sockenschuss

einen Sockenschuss haben = *betrunken* sein

Sodder

Rotz, *Nasenschleim* – »jetz habbich soviel Sodder im Tempo, dattet ▸gnatscht wenne zudrücks; hassemaen neuet?«

Soffa

korrekte Aussprache von: Sofa; vgl. ▸Moffa (Moped) / *Möbel*

Söffken

Koseform von Sophie / *Vornamen*

Sohle [*Bergbau*]

1. Boden eines ▸Stollens   2. Gesamtheit der auf etwa gleichem Niveau liegenden ▸Strecken · **ausser siebten Sohle holen** = von ganz unten herauf holen, nämlich: geräuschvoll und erbarmenswert ab*husten* – »▸samma, bisse sicher datte nich die Motten hass? kannzeja nich mit anhören wenne ein ▸Flörch nachem andern ausser siebten Sohle hols«

söhlig [*Bergbau*]

waagerecht

Sohn

mein Vatter sein Sohn = Umschreibung für »ich« – »hau bloß mit dein Vitaminsaft ab, dat is nix für mein Vatta sein Sohn«

Sonne

dem scheint die Sonne aus dem Arsch = der ist immer strahlend gut gelaunt, sorglos, fröhlich, *gutmütig* und durch nichts zu erschüttern

Sonntagsgeld [Kindersprache]

Taschen*geld* eines Kindes, das am Sonntag ausgezahlt wird

sowat (sprich: sowwat) von

Ruhrgebietssuperlativ, mit dem auch Substantive gesteigert werden können: »Der iss ja sowat von bescheuert!« – »Die hatte ja sowat von Masern!«, vgl. ▸vielleicht / *Bekräftigung* / *Sprache*

spack

knapp, *eng* sitzend (*Kleidungs*stück)

Spalucken [nur im Plural gebräuchlich]

1. Asoziale, *Flegel*, Proleten   2. abwertend für: *Ausländer* / *schimpfen*

spannen [Jugendsprache]

kapieren, *verstehen*, begreifen

Spargel

vertikale Funkantenne (speziell Stabantenne für CB-Funkgerät) – »hassen neuen Spargel auffem Dach? du komms hier so bombig rein dat mein Kopfhörer warm wird« [*CB-Funkersprache*] · **im Spargel**

stehen = verdutzt, verblüfft, ungläubig oder verärgert sein – »wierum hasse die Kassette denn im Rekorder getan? Ich glaub ich steh im Spargel« / *überrascht* · **Spargeltarzan** = schmächtiger Mensch mit sportlichen Ambitionen / *Angeber* / *dünn*

Spasti
verächtlich für: Spastiker, Halbgescheiter, *Behinderter*

Sperrholzbohrer
Pedant, der nichtige Dinge oder Selbstverständlichkeiten ausführlichst erörtert und abhandelt

Spichalski
Name einer populären *Clowns*figur aus dem Zirkus Hagenbeck: lang, dürr, mit weiß geschminktem Gesicht und spitz zulaufendem Hut; trat mit dem »Kiki« und dem »Dummen August« als Musikclown auf und spielte den dümmlich Arroganten / *Name*

spiddelig
dünn, dürr, schmächtig; vgl. ▸spillerig, ▸spirrig / *klein*

Spiegeleierbauch
kalauernd für: dicker Männer*bauch* (»weilern Spiegel braucht, sonz kanner nämmich seine Eier nich mehr bekucken«)

spillerig
dünn, dürr, schmächtig; vgl. ▸spiddelig, ▸spirrig / *klein*

spinksen, spinzen
1. vorsichtig oder heimlich nach etwas *sehen,* heimlich beobachten – »wat bisse am spinksen, hasse noch nie ne ▸Tussi mit Ohm Ohne am Strand gesehen? gibbet dran und knall dich widder im Sand« **2.** auf etwas *lauern,* spekulieren (z. B. Erbschaft)

Spinnewipp
1. *dünn*er, schmächtiger *Mensch* **2. Malchen Spinnewipp** = junges sehr dünnes Mädchen, eine unter den Älteren noch wohlbekannte Figur aus der Kolumne ▸Pottkieker / *Name*

spirrig
klein, schmächtig, schwächlich, vgl. ▸spiddelig, ▸spillerig / *dünn*

spitz
spitz wie Nachbars/Opas Lumpi (denn fast jeder Spitz heißt Lumpi) = gierig, *lüstern* / *Verlangen*

spitzenmäßig [Jugendsprache]

gut

Spökes machen

Unsinn machen, harmlose Streiche *spielen*; etwas nur zum Spaß machen – »brauchsse ▸donnich am heulen anfangen, ich hab doch nur Spökes gemacht«

Sportsflecken   siehe ▸Hobbyflecken

Spritkopp

Säufer, Schnapsnase / *trinken*

Spruch

knappe, einprägsame und mehr oder weniger originelle Bemerkung – »▸samma, hasse noch son paar Sprüche von der Güte auf Lager, oder willze gleich ein zwischen die Hörner kriegen?« / *reden*

Sprung

einen Sprung in der Schüssel haben = *verrückt* sein

Spucht

1. junger, schmächtiger *Mensch* / *dünn*   **2.** auch: Berufsanfänger, *Lehrling*

Stall

Hosenschlitz, Hosenstall – »samma, jedesmaa wenne vom Lokus komms hassen Stall auf, bisse eingslich schon am ▸verkinschen, oder wat is?«

Stecknadel

tausend Stecknadeln = leicht sadistisches Kinder*spiel*: man umfasst den bloßen Unterarm des anderen fest mit beiden, nebeneinander-liegenden Händen, die man dann gegenläufig verdreht: beim Loslassen wandelt sich der *Schmerz* minutenlang in ein Stechen wie von tausend Nadeln um

Stehpille

sprachliches Generikum für: Viagra / *Medikament*

Steiger [*Bergbau*]

Aufsichtsperson im Bergbau, Vorgesetzter des ▸Hauers

Steinstaub

volkstümliche Bezeichnung für die früher unter Bergleuten weit verbreitete Silikose (Quarzstaublunge) – »den ▸Hotte hamse ▸kaputtgeschriem, der hat Steinstaub« / *krank*

Stempel

1. [*Bergbau*] Stützbalken   **2.** stämmige *Beine*

Sternkes inne Augen haben   siehe ▸Herzkes

stickum

unauffällig, heimlich, *still* und leise

Stift [veraltend]

Bezeichnung für einen harten, länglichen, sauren *Bonbon* (im Gegensatz zum weichen Karamelbonbon)

Stiftekopp

1. Bürsten*haar*schnitt   **2.** jemand, der eine solche Frisur trägt

Stina

Figur beim *Kegeln*: aus dem vollen Bild sind nur Vorderholz, König und Hinterholz getroffen. **Stina mit Kind**: gleiches Bild, aber ein danebenstehender Kegel ist zusätzlich getroffen

Stinkadores

unangenehm riechender Gegenstand, insbesondere Stinkkäse / *stinken*

Stinkstiebel

ollen Stinkstiebel [»Anrede«-Fall] = eher gutmeinende Beschimpfung (nur unter Erwachsenen) / *schimpfen*

Stocheisen

Eisenstab oder -stange zum Stochern in Kohleöfen, um die Glut zu beleben; also etwa: Feuerhaken, Schürhaken (aber nicht notwendigerweise gebogen) · **stochen** = ▸prockeln / *stochern*

Stoff

(vollen) Stoff geben = Vollgas geben / *fahren* / *schnell*

Stoffel

*unhöflich*er, nicht oder unangemessen reagierender *Mensch*

Stollen [*Bergbau*]

waagerecht (▸söhlig) oder leicht ansteigend in eine Hügelflanke getriebener Zugang zu einer Erz- oder Kohlenlagerstätte bzw. zu den zugehörigen unterirdischen Anlagen; vgl. ▸Erbstollen

Stoppenknäcker

ursprünglich Kinderpistole, aus der mit leisem Knall ein Stopfen herausgeschossen wurde; allgemein auch jede Zündstreifenpistole / *Spiel*

Stöppken, Stöpsel

kleines, munteres und aufgewecktes Kind / *Kind*

Strahl

ein kleines Stück, Entfernung von ca. 1 m (= Miktionsreichweite!) – »gehma en Strahl auf Seite, ich hab überhaupt kein Platz mehr hier«

stramm

vollkommen *betrunken*

Strang

vor jemandem Strang haben = *Angst*, Respekt vor jemandem haben

Stratege

(ironisch:) Künstler, Experte – »dann hattern Lokus umarmt und sich beim ▸Göbeln die Klobrille auffe Nase fallen lassen, un jetz hattert Nasenbein im Aasch, datis vielleichten Stratege« / *Trottel* / Mann

stratzen

rasch und zielstrebig *gehen* – »stratzma nache ▸Bude paar Pullen Bier holen!« – »und weiler noch nie en Bideh gesehn hat, stratzter ▸rappzapp anne Hotelrepzepzion und macht ▸Stunk dattse dat Waschbecken zu tief gehängt hätten!«

Streb [*Bergbau*]

der Teil eines ▸Flözes, in dem das Erz oder die Kohle abgebaut wird

Strecke [*Bergbau*]

horizontaler Grubenbau von regelmäßigem Querschnitt für die Zu- und Abfuhr

Streifen
bezeichnet eine beachtliche *Menge* in Redewendungen wie: **einen Streifen doof sein, sich einen Streifen zusammenschnarchen** / *sehr*

Streuselkuchen
ein Gesicht wien Streuselkuchen haben = picklig sein, pockenartigen *Ausschlag* im Gesicht haben

Strich inner Landschaft
*dünn*er, dürrer, schmächtiger *Mensch*

stricken
da muss ne Omma viel für stricken = das ist viel Geld, das ist sehr te*uer*

Striekspönken [plattdeutsch, langes ö, sprich: Striek-Spönken]
Streichholz

Stripstube
scherzhaft oder abwertend für: (kleineres) Stripteaselokal / *Vergnügungsstätte*

Strom
unter Strom stehen = stark *betrunken* sein

Ströppken
kleines *Kind*, Dreikäsehoch

Ströppmus
Rübstiel, Stielmus, vgl. abströppen / *Essen*

Strotte
Kehle, Gurgel – »Die beiden sind sich sofort anne Strotte gegangen«

strullen, strüllen, strullern [Kindersprache]
pinkeln/*urinieren* – (Aufschrift an der Pinkelwand:) »Bitte keine Kippen im Becken schmeißen – wir strullen euch ja auch nicht im Ascher!«

Strulli
ständiger *Freund* eines Mädchens (eher der sympathische Typ, aber nicht gerade ein Ausbund von Männlichkeit) – »hasse den neuen Strulli vonne Dachma schon gesehen?«

strunzen

aufschneiden, angeben / *Angeber* · **Strunztuch** = Einstecktuch, Zier*taschentuch* in der Brusttasche des Jacketts / *Kleidung*

Stulle

Butterbrot »für auffe Faust« / *Essen*

Stunk machen

sich beschweren, *Streit* vom Zaun brechen

Stutenkerl

Weckmann; stilisierter Mann aus süßem Hefeteig, oft mit einer weißen Tonpfeife (dann auch: **Piepenkerl**); schenken Eltern ihren Kindern in der Vorweihnachtszeit, insbesondere zu Nikolaus / *Essen*

stuxen

mit einem ▸Knicker versuchen, die gegnerischen Knicker aus der Kuhle zu stoßen / *Spiel*

sülzen

1. langatmig, schönfärberisch, aber inhaltsleer daherreden **2.** schön tun – »höddoch mitti Sülzerei auf, du Schmalspurkasenowa, du labers un labers, aber wennet ernst wird, ▸bringset nich!« / *reden*

Sums

wertloses Zeug, *Kram*

Sumse

Fliege / *Tier*

Suppe

jemandem ist die Suppe verhagelt = ein Strich durch die Rechnung gemacht worden oder plötzlich die Lust vergangen / *Fehlschlag*

süppeln [von plattdeutsch: süpeln]

genüsslich und ohne Hast Alkohol *trinken*

tabbeldoot [von frz. table d'hôte = ursprünglich Tafel für (geladene) Gäste]

sich tabbeldoot benehmen = sich (beim Essen, in Gesellschaft) manierlich *benehmen* / *essen*

Tach zusammen

Begrüßung, wenn mehrere Personen anwesend sind / *Gruß*

141

Tacken
1. Zehnpfennigstück / *Geld*   **2.** ein kleines bisschen, ein winziges Stückchen – »▸ej, machmaen Tacken schneller« / *Menge*

tafeln
jemandem eine tafeln = jemandem flächendeckend eine runterhauen, eine kräftige *Ohrfeige* versetzen / *schlagen*

Tag
bis die Tage = Abschieds*gruß*, etwa: bis bald, bis demnächst

tändeln
schnell laufen, beschwingt *gehen*

tapern
langsam oder unsicher *gehen* – »ach nee, kumma wer dahinten angetapert kommt«

Täsch
leck mich doch inne Täsch = abgeschwächtes Götz-Zitat, auch als *Ausruf* angesichts einer unangenehmen *Überrasch*ung / *schimpfen*

Tässchen [Jugendsprache]
scherzhaft für: Glas (*Bier*)

Taubenjunge, Taubenkerl
*Brieftaube*nliebhaber

taubes Gestein [*Bergbau*]
nicht verwertbares Gestein; über Tage gefördert als ▸Berge oder ▸Abraum bezeichnet

Täubin [Taubenzüchtersprache]
Bezeichnung der weiblichen *Brieftaube*, vgl. Vogel

Taucherbrille [Jugendsprache]
(nur beidseitig:) blaues *Auge*, Veilchen / *schlagen*

Taumvatter   siehe ▸Duwenvadder

Teckel [*Bergbau*]
kleiner, unter Tage benutzter *Wagen* zur Materialbeförderung

Tegtmeier [gesprochen: Teechtmeier], Adolf
von Jürgen von Manger (1923–1994) ursprünglich für den Hörfunk erfundene Figur des typischen Ruhrgebiets-Kleinbürgers; vgl. ▸mangern / *Name*

Teich

im Teich = defekt, *kaputt* · **in den Teich setzen** = (Klassenarbeit, Klausur) danebenschreiben, verhauen / *Fehlschlag* / *Zeugnis*

teicheln

einen Ball auftupfen (▸tuppen) lassen / *Spiel*

teita gehen [Kindersprache]

mit einem Kind spazieren *gehen*; einen Sonntagsspaziergang machen

Teufe [*Bergbau*]

Tiefe; vgl. ▸abteufen

Teufel

den Teufel tun = etwas kategorisch ablehnen; gar nicht daran denken, das zu tun, was der andere verlangt – »ich werten Teufel tun und dir den Safir aussem Tonarm ▸friemeln! hinterher isser im ▸Teich, un dann bin ichet widder ▸inschuld« / *Ablehnung*

Thomasbirne

ist keine besondere Kopfform, sondern ein sogenannter Konverter, in dem zur Stahlerzeugung durch Bodendüsen Luft in das flüssige Roheisen geblasen wird. Kann also in der nächsten Auflage dieses Wörterbuchs wieder gestrichen werden.

tierisch [Jugendsprache]

sehr, intensiv, enorm, außergewöhnlich – »dat schmeckt ja tierisch gut/tierisch nach Vanillje, wat issendat?«

Tille   siehe ▸Tülle

Tillefitt, Tilli

Aufhebens, Wirbel um eine Kleinigkeit / *übertreiben*

Timpen

einen im Timpen haben = angetrunken sein / *betrunken*

Tinnef

siehe ▸Killefitt, ▸Kokolores, insbesondere Tand, überflüssiges Beiwerk / *Kram* / *Unsinn*

titschen

gegeneinander*stoß*en, »Eier titschen«: gewonnen hat, wessen Ei ganz bleibt – »▸hömma, du Komiker, du muss auch mittat spitze Ende titschen, sonz hasset doch sofort kaputt«

Titte

linke Titte = **1.** abwertend: politisch links engagierte *Frau* / *Politik*   **2.** abwertend: hinterlistige, *gemeine* Frau

Tö

geziert für: *Toilette* – »Frollein, wo ist denn hier das Tö?«

töffte, toffte

gut, prima, dufte · **bissen Töfften** [»Anrede«-Fall] = lieb von dir, das hast du gut gemacht, du bist in Ordnung / *Lob*; auch als abwimmelnde Antwort im Sinne von: »jaja, bissen Töfften, aber jetzt hau auch widder ab und lass mich in Ruh« / *Mann*

Töle

abwertend: **1.** Hund – »Mensch du olle Töle, hau bloß ab und mach unsern Waldi nich an!« / *Tier*   **2.** abwertend: *Mädchen* / *Frau*

Tonne

1. *Bett*   **2.** [*Schülersprache*]Schultornister, Ranzen   **3.** dicker *Mensch* · **in die Tonne kloppen** = als unbrauchbar entsorgen, wegwerfen, in die *Müll*tonne werfen / *schlecht*

Torfkopp

dummer Mensch / *Trottel*

Tork

im Tork liegen mit = Schwierigkeiten haben, nicht zurechtkommen mit / *Problem*

Torte, Törtchen [Jugendsprache]

1. junges *Mädchen* mit flatterhaftem Lebenswandel   **2.** *Mädchen* (allgemein)

Tortenarsch

mild-verächtliche Bezeichnung für jemanden, der schwerfällig, *trottelig* oder ungeschickt ist / *schimpfen*

Töte [langes offenes ö wie in engl: Sir]

zylinder- oder tütenförmiger Behälter aus Blech, vgl. Milchtöte, Kaffeetöte, ▸Tröte / *Gefäß*

toter Mann [*Bergbau*] siehe ▸Mann

Totten

verfilzte oder verknotete Stellen im *Haar* / *Schmutz*

Trallafitti

Trubel, lautstarkes, fröhliches Beisammensein; High Life – »weiß der Geier wier dar macht, jeden Ahmt Trallafitti auffe Bude und morngs als erster auf ▶Maloche« / *feiern* · **auf Trallafitti gehen** = *ausgehen* / *feiern*

Träne

tranfunzliger, antriebsschwacher Mensch, der ständig gute Gelegenheiten verpasst, Transuse / *Mensch* / *schlapp*

Treters

Schuhe

Trick siebzehn

auch: »Trick siebzehn mit Falle und Selbstüberlistung« = besonderer Kniff, listige Lösung – »Musse wat dabei saang wennzet Fenster ▶losmachen willz, oder gehtat auch widder nur mit Trick 17?« / *gelingen*

Trinkhalle

ruhrgebietstypische Versorgungseinrichtung vom Rang eines multifunktionalen soziokulturellen Zentrums; flächendeckend verbreitet, vgl. ▶Bude / *kaufen*

Troppen

Tropfen – »Sachmahn Satz mit ›einfältig!‹/??/Du hassja Troppen anne Nase; ein fälltich gleich runner«

Tröte

[Aussprachebesonderheit: Tröte ist das Wort mit dem offensten langen ö der Welt! Also nicht mit Kussmund-ö wie in »Flöte«, sondern noch weit offener als in engl.: »Sir« oder »Bourbon« (Whisky). Lassen Sie den Unterkiefer noch weiter herabhängen und ahmen Sie nach, wie Ivan Rebroff gerülpst hätte: ein langgezogenes tiefes »bööhrp« wie aus einem plötzlich zugestopften Alphorn oder Didgeridoo] **1.** *Kehle*, Luftröhre – »lass man, ich habben Krümmel inne Tröte, gleich gehtet widder« **2.** siehe ▶Kohlentröte **3.** Kindertrompete / *Musik* · **tröte(r)n** = auf der Kindertrompete Geräusche machen / *Musik* / *Lärm* · **Trötophon** = scherzhaft für: Megaphon

Trudchen

hausbackenes, nicht sehr attraktives *Mädchen* / *Frau*

Trulla

dümmliches *Mädchen*, das nur Unsinn im Kopf hat oder nervös und zappelig ist / *Frau*

Trumm [das Trumm]

1. [*Bergbau*] Teil eines ▸Schachtes (z. B. Fahrtrumm, Fördertrumm) **2.** sehr großer *Gegenstand*, noch größer als ein ▸Kawenzmann

Trutschka

Mädchen oder *Frau* in altmodischer Kleidung, mit hinterwäldlerischem Benehmen, meist dicklich und gutmütig; vgl. ▸Mat(t)ka

Tuck

1. leichter An*stoß* – »noch son Tuck, und die Karre fällt im Kanal« **2.** *kleine Menge* – »tu nochen Tuck Sahne dran«

tucke-tucke

ganz *langsam*, immer schön mit der Ruhe, nur nichts überstürzen, nur keine Panik / *Ausruf*

tüddelig

unbeholfen, vergesslich, verkalkt, *zerstreut*

Tülle, Tille

abschätzig für: *Frau*, *Mädchen*; drückt meist Kritik an einem bestimmten Verhalten aus

Tullux

Unfug, *Unsinn*, sinnloses Aufhebens

tun

in der Wendung: **tu mich mal** = *geben* – »tu michma nochen Dröppken« »tunse michma nochen Halbfunt Fleischwuast«

tupfen

jemandem einen tupfen = jemandem einen moderaten Schlag versetzen – »du kriss gleich einen getupft wennenich sofort schön ruich biss« / *schlagen*

tuppen

(Ball:) tupfen, hochspringen, zurückspringen – »sollichma zeigen wie mein ▸Flummiball tuppt?« / *Spiel*

Tür

vor Tür gehen = nach draußen *gehen,* einen kleinen Spaziergang um den Block machen – »▸hömma, musse nich mittem Hund ▸nomma vor Tür gehen?« / *ausgehen* · **da krisse die Tür nich zu** siehe ▸zukriegen · **Türkenkalender** [langes ü!] = kalauernd für: ▸*Adventskalender* »mit ganz viele Türkes (= kleinen Türen) für jeden Tach eins zum Aufmachen«

Türkenschaukel, Türkenschiff, Türkenschleuder

großer alter Pkw, insbesondere Ford Kombi / *Auto*

Tussi [von: Tusnelda]

Mädchen; insbesondere dümmliche Freundin

Tütenkopp

dummer oder alberner Mensch / *Trottel*

Tüttelkram

kleine, *unwichtige* Dinge oder Aufgaben

Tutti, Tuttichen

1. *Mädchen, Frau* (im Sinne von nicht emanzipiertem, hilflosem Anhängsel)   **2.** auch: *Kind* (»Klein-Tutti«)

uhlings [Umstandswort]

schief, *krumm* – »pass auf, du fährs ja ganz uhlings, bisse besoffen?«

Uhr

inne Uhr sein = defekt, *kaputt* sein · (eine Taube) **in die Uhr drehen** [Taubenzüchtersprache] = den Gummiring einer Preisflugtaube in die ▸Konstatieruhr stecken, um die genaue Ankunftszeit zu registrieren / *Brieftaube* · **die große Uhr ohne Zifferblatt und Zeiger** = der Klotopf, über den man sich beugt, um sich zu *übergeben* – »und dann habbich mir die große Uhr ohne Zifferblatt und Zeiger angekuckt, und da wurdet mir ganz anders« / *Toilette*

ullig

(armselig) *klein* · **Ullige(r)** = kleines *Kind* – »unsere Ullige is mit fünf inne Schule gekommen!/Na, hoffentlich kommtse nich mit ne Sechs widder nach Hause!«

umme, ummen

zusammengezogen aus: um die/den – »wat hasse denn da ummen Hals?« / *Sprache* · **für umme** siehe für ▸lau

umnieten

umbringen, insbesondere mit dem Auto überfahren/*töten*

umsäbeln

1. niedermähen, zu Fall bringen (z. B. einen Fußgänger mit dem Auto) / *töten* **2.** beim Sport: die *Beine* wegziehen / *Spiel*

Unität

kalauernd für Universität, vgl. ▸Akamie / *Hochschule*

unnen

zusammengezogen aus: und ein(en) – »unnen Ei aussen ▸Konsum!« / *Sprache*

unterbauen [Betonung auf der 3. Silbe]

unterschlagen, an sich bringen / *unehrlich*

Urse(l)

Klein*kind*, Baby · **urselig** = *klein*, mickrig, winzig, *niedlich*

Urwaldmaggi

Wermut, Fusel, billiger Schnaps / *Getränk*

Urzen

(auch: **Ötzen**) durchaus essbare Reste auf dem Teller, wie sie vorzugsweise von mäkeligen Kindern auf den Tellerrand drapiert werden / *Essen*

usselig [stimmhaftes s]

ungemütlich (z. B. Wetter) / *unangenehm*

Vatta

ach du dicken Vatta! = o je!, du meine Güte! / *überrascht* / *Ausruf*

Ventilator

in den Ventilator geschissen haben = derb für: viele *Sommersprossen* im Gesicht haben

verbaseln

durch Unachtsamkeit oder Ungeschicklichkeit *fehlschlag*en lassen oder unauffindbar verlegen / *verlieren* · **verbaselt** = geistesabwesend, *zerstreut*, durcheinander

verbraten

jemandem eine verbraten = jemanden verprügeln, jemandem einen heftigen *Schlag* versetzen

148

verbrettern

(Geld) mit vollen Händen ausgeben / *zahlen*

verbrötscheln

in der Pfanne / im Kochtopf schwarz werden / *Küche*

verbumfi(e)deln

verlegen, verschlampen; vgl. ▸verfumfeien / *verlieren* / *Fehlschlag*

verdelli(ch), verdorri(ch)

verharmlosend für: verdammt / *Ausruf*

verdötschen

verformen, ver*beul*en – »sehn die Babies am ersten Tach alle so ver-dötscht aus, oder hamwer wat falsch gemacht?« / *Stoß*

sich **verfransen**

sich ver*fahr*en, verlaufen, verirren

verfumfeien [von niederdeutsch fumfeien = fiedeln]

verderben, zunichte machen, durchkreuzen; vgl. ▸verbumfi(e)-deln / *Fehlschlag*

verhauen aussehen

übel zugerichtet, übernächtigt, verkatert aussehen / *schlecht* / *schlapp*

verkasematucken

(Alkohol) *trinken*/vertragen können

verkimmeln

1. beim *Spiel* verlieren   2. (sich) einen verkimmeln, **verküm-meln** = Schnaps (Kümmel) *trinken*

verkinschen

alt werden, kindisch oder senil werden, verkalken; von Alzheimer freilich noch meilenweit entfernt – »ich bin ▸donnich am verkin-schen« / *verrückt*

verklickern

jemandem etwas beibiegen, klarmachen, *erklären* – »meinze wirk-lich dat ▸bringtet, wennze de Berchpredicht gezz vonne Kanzel auf Ruhrdeutsch verklickers? Packen sich die Konfirmanden doch nich für am Hintern, und die Presspitter sind sowat von tote ▸Hosen, die sintoch froh, wennse gläubich auffe Betstange hocken und dösen können«

verklüngeln

etwas *verlieren* oder unauffindbar verlegen; vgl. ▸Klüngelanton / *Unordnung*

verknusen

jemanden/etwas **nicht verknusen können** = nicht leiden, nicht ausstehen können / *Ablehnung*

verkohlen [Kindersprache]

be*lügen*

vermachen

1. einen Liebhaber strapazieren, drannehmen – »Mannomann, wat muss die Maagot den ▸Hotte vermacht ham, vorhin hatter doch ▸glatt zwanzich Cent im Briefkasten geschmissen und dabei auffe Uhr gekuckt wieviel er wiegt« / *Sex* **2.** verprügeln, übel zurichten / *schlagen*

vermatscht

sich vermatscht fühlen = sich zerschlagen, übermüdet, ausgelaugt fühlen / *schlapp*

vernatzen

jemanden zum Narren halten, seinen Scherz mit jemandem treiben / *aufziehen*

sich einen **verpitschen, verplästern**   siehe ▸pitschen, ▸plästern

verpröddeln

(Garn, Wolle, Telefonschnüre usw.) so durcheinanderbringen, dass sich Schleifen und Knoten bilden; ein kaum zu entwirrendes *Knäuel* daraus machen. Geschieht offenbar auch ohne menschliches Zutun gemäß dem Zweiten Hauptsatz der Thermodynamik, der besagt, dass die unbelebte Materie zur *Unordnung* tendiert

verpudeln

verderben, zunichte machen, durchkreuzen / *Fehlschlag*

verquetschen

(Geld) heimlich ausgeben oder vereinnahmen, nicht ordnungsgemäß verbuchen, vor dem Finanzamt verheimlichen / *unehrlich*

verschlammen   siehe ▸verschlüren

verschlempern

verlegen, verbummeln, (Termin) verpassen, verschwitzen / *Fehlschlag* / *verlieren*

verschlunzen, verschlüren

durch Nachlässigkeit, Unachtsamkeit und mangelnden Ordnungssinn *verlieren*, verlegen, nicht mehr wiederfinden können

verschnuppern

(Taschengeld) für Eis, Süßigkeiten usw. ausgeben / *essen* / *zahlen*

verschröggeln

kokeln, etwas anbrennen (lassen), verkohlen

verschrömmelt

verschrumpelt, *unansehnlich* (Obst, Gemüse)

verschütt gehen

verloren gehen, verschwunden sein / *verlieren*

verschwiemelt

verkatert aussehend, mit gedunsenem Gesicht, benommen, noch nicht ganz da / *schlapp*

versemmeln

verhauen, verprügeln / *schlagen*

vertobaken

1. (große Mengen) *essen*, verdrücken   **2.** verhauen / *schlagen*

vertorfen

durch Nachlässigkeit oder mangelnden Ordnungssinn *verlieren*, verbummeln

Verträge

mit etwas/jemandem keine Verträge haben = mit etwas/jemandem nichts anfangen können, sich *nicht* gut stehen, kein Glück haben

vertrümmen

vertrimmen, verhauen, *schlagen*

verwahren

bewahren, hüten: kleinere Kinder, aber auch Gegenstände vorübergehend in seine Obhut nehmen · **(Kinder-)Verwahrschule** [veraltet] = *Kindergarten*

verwämsen, verwimsen

verhauen, *schlagen*

vielleicht

auch: Füllwort zur *Bekräftigung* einer Aussage – »ich hab heute vielleicht widder im Stau gestanden, eine Stunde hattat gedauert!«, vgl. ▸sowat von / *Sprache*

Vogel [Taubenzüchtersprache]

Bezeichnung der männlichen *Brieftaube* (vgl. ▸Täubin)

Voller [Taubenzüchtersprache]

Bezeichnung einer (auch weiblichen) *Brieftaube*, die bei einem ▸Konkurs den höchstmöglichen Geldbetrag gewinnt

Wabe

Bezeichnung für eine Fahrpreiszone des Verkehrsverbundes Rhein-Ruhr (VRR)

wacker

flugs, *schnell* – »dann setz dich ma wacker hin un mach ▸Schulla«

Walachei

ländliche, abgelegene *Gegend*; vgl. ▸Botanik, ▸Pampa

Wald

ich glaub ich steh im Wald siehe ▸Spargel · **Waldheini** = unzuverlässiger, nicht ganz ernst zu nehmender *Mann* / *Trottel*

Wanderpokal

abwertend für ein *Mädchen*, das leicht zu haben ist und von Freund zu Freund weitergereicht wird

Wärmflasche mit Ohren

scherzhaft für: Bettgenosse, Betthäschen / *Liebe*

Waschberge [*Bergbau*]

Rückstand an Gestein nach der Aufbereitung der Kohle

Waschkaue [*Bergbau*] siehe ▸Kaue

Wasserlatte

derb für: morgendliche Erektion infolge starken Harndrangs, z. B. nach reichlichem Biergenuss / *Penis*

wat

> **wat is?** = Einleitung zu einer Aufforderung, sich zu *entscheiden* –
> »wat is, kommse ▸getz mit oder nich?« · **wattan wattan** (was
> denn, was denn) = *Ausruf* des Erstaunens, meist zur Einleitung einer
> Rückfrage – »wattan wattan, hasse etwa den Haupthahn vorher
> nich zugedreht?« / *überrascht*

Watzmann

> nicht der Berg, sondern der *Zeitung*sausträger, weil er watzen (rum-
> rennen) muss, um die ▸WAZ zu bringen

WAZ [sprich: Watz]

> Westdeutsche Allgemeine Zeitung, größte Tages*zeitung* im Ruhr-
> gebiet. We-A-Zet sagen nur Intellektuelle und Leute, die nicht vom
> Ruhrgebiet ▸wechkommen.

wech

> weg, fort, derzeit nicht auffindbar – »meine Brille is wech«. Beachte
> aber die Ausspracheänderung beim adjektivischen Gebrauch: »dat
> wecke Farrat bisse doch selps ▸inschuld« / *verlieren* · **wechkom-**
> **men von** = (im Gegensatz zur hochdeutschen Bedeutung) gebürtig
> sein aus, stammen aus – »(von) wo komms Du ▸eingslich wech?/
> Düsseldorf!/Du Ähmsten!« Wenn Herbert Grönemeyer in seiner
> Hymne »Bochum« behauptet »Bochum, ich komm aus Dir!«,
> wirkt das hingegen unglaubwürdig. Er ist ja auch in Göttingen gebo-
> ren. / *Herkunft*

Weißkaue   siehe ▸Schwarzkaue

Weltmeister

> **1.** ironisch für jemanden, der alles falsch gemacht hat, sich dumm
> anstellt – »du biss ▸vielleichten Weltmeister, hätzjama vorher
> auffen Stadtplan kucken können« / *Trottel* / *Versager*   **2.** auch
> positiv *übertreiben*d »da hammwa Plätzkes gebacken **wie die**
> **Weltmeister(s)**« / *sehr*

Wetter [*Bergbau*]

> die Luft, das Luftgemisch unter Tage · **Wetterlampe** =
> ▸schlagwettergeschützte Benzinlampe zur Messung des Methan-
> und Sauerstoffgehaltes; heute durch elektronische Meßgeräte
> ersetzt · **Wetterschacht** = zur Belüftung der unterirdischen Gru-
> benanlagen genutzter ▸Schacht; Schacht, der nur der Ventilation

dient · **Wettersteiger** = ▸Steiger, der unter Tage mit besonderem Gerät die Beschaffenheit der Luft prüft · **mattes Wetter** = (ungiftiges) Luftgemisch unter Tage, dessen zu geringer Sauerstoffgehalt die Atmung erschwert · **schlagendes Wetter, Schlagwetter** = Luftgemisch unter Tage mit hohem Methangasgehalt, das sich explosionsartig entzünden kann

Wichsbürste siehe ▸Schlag

Wicht [das Wicht, veraltend]
junges *Mädchen* »dat Wicht is abbama nurn Malchen▸Spinnewipp«

Willem [mit kurzem, offenem ä]
gebräuchliche Anrede- und Rufform für: Wilhelm / *Vornamen*

Wind
schieß in den Wind = Aufforderung zu verschwinden / *weggehen*

Wippstert, Wibbelstert
1. Bachstelze / *Tier*   **2.** unruhiges, zappeliges *Kind*

Wirsing
Kopf

Wisch
(offizielles) Schreiben, Urkunde – »▸zamma den Wisch vont Amt« = lass mich mal Einblick in den Bescheid der Verwaltungsbehörde nehmen / *Papiere*

Witwer [Taubenzüchtersprache]
männliche *Brieftaube*, die zur Erzielung besonders schneller Rückflugzeiten längere Zeit von der ▸Täubin getrennt wurde; besonders effektiv, wenn der Witwer kurz vor dem Auflassen noch für ein paar Minuten zum Schnäbeln (aber eben nicht zum »Treten«) zur Täubin darf

wo
Universal-»Fürwort«, das zur Einleitung fast aller Nebensätze verwendet werden kann: »dattisdoch der Donnerstach wo Obama nach Berlin kommt, odda?« »hatterdoch Zeit genuch für, jetz woer pangsioniert is«; Sonderform: **woße** (zusätzliches ß in Anlehnung an »hasse«, »kannze«) = wo du, wo man – »nu machdich ma nich im Hemd, dattisdoch Geld woße Anspruch drauf hass« »kennze kein Laden woßet billiger kriss?« / *Sprache*

Woilach [von russisch wojlok = Filz]
(braune) *Wolldecke*, Pferdedecke

Wollang
gebräuchliche Anrede- und Rufform für: Wolfgang / *Vornamen*

Wollwott
veraltend für Woolworth (*Kauf*hauskonzern, vgl. ▸Wullko) – »son
▸Pisselskram kauf ich immer inne Wollwott«

Worzestersose, Wörtschestersose [gern auch mit der Betonung auf
der zweiten Silbe]
seit Generationen bewährte Aussprache von Worcestersauce
(ursprünglich Worcestershiresauce; so darf sich aber nur das Ori-
ginal der Herstellerfirma Lea & Perrins nennen). Denn wer spricht
schon die englischen Grafschaften Gloucestershire, Leicestershire
und Worcestershire korrekt als Gloster-, Läster- und Wussterscher
(mit Betonung nur auf der 1. Silbe) aus? Da würde man hier ja ▸glatt
als ▸Proll angesehen, der nicht mal Englisch kann / *Essen*

wullachen, wullacken
körperlich schwer *arbeit*en; wie ▸malochen, aber nicht unbedingt
berufsmäßig – »wullachen tu ich nur schwaaz oder im Gaaten, ich
bin doch nich bescheuert«

Wullko
Woolco (zum Woolworth-Konzern gehörende *Kauf*hauskette) –
vgl. ▸Wollwott

Wupper
über die Wupper gehen = 1. *sterben*   2. *kaputt*gehen – vgl. ▸Jordan

Würfel husten siehe ▸Bröckskes reden

Zachel
(größeres) *Messer*

zamma!
zusammengezogen aus: zeig mal! / *Sprache*

Zammel
etwas *Dünn*es, Überstehendes, z. B. Niednagel, Hautfetzen – »has-
sema ne Nagelschere dattich den Zammel hier abkrich?« / *Stummel*

zappzerapp

im Nu, ohne Federlesens / *schnell*   **2. zappzerapp machen** (wird
vom Sprecher durch eine seitliche Drehbewegung der senkrecht mit
dem Handrücken zum Körper gehaltenen Hand veranschaulicht) =
mitgehen lassen, klauen / *Dieb*

Zarette

Zigarette – »hasseman Zarettchen für mich?«

Zeche [*Bergbau*]

Bergwerk (z. B. »Zeche Zollverein«); bezeichnete ursprünglich
den Zusammenschluss mehrerer Personen, die mit ihrer Einlage
in die bergrechtliche ▸Gewerkschaft gemeinsam die erforderlichen
Kosten, nämlich die »Zeche« bezahlten (im Mittelalter ursprünglich die Wirtshausrechnung für das Zechen = gemeinsame Trinken;
der »einsame Zecher« ist eine traurige Erfindung der Neuzeit) ·
Zechenkolonie siehe ▸Kolonie

Zeiger

jemandem auf den Zeiger gehen = jemandem auf die Nerven,
auf den Wecker gehen – »kannzauma von wat anners reden als
von deim bescheuerten Computerspiel da? Gehsse mir nämmich
▸zimmich mit auffen Zeiger. Wennich dat schon hör: Dscheu-
Schtick – watisdatnuwidder fürne Ferkelei?« / *lästig*

Zeit

in Zeit von nix = im Nu; das Gegenteil von »ewig und drei
Tage« / *schnell*

Zielwasser

Alkohol, den man vor einem Schützenwettbewerb zu sich nimmt /
Getränk

Zelle [Taubenzüchtersprache]

sozusagen das »Einzelzimmer« einer *Brieftaube* im Taubenschlag

zimmich

ruhrgebietstypische Aussprache von: ziemlich (nicht im ursprüng-
lichen Sinne von geziemend, angemessen, relativ, sondern von:
sehr, ausgesprochen, enorm – »zimmich kalt hier, finze nich?«) /
Bekräftigung / *Sprache*

Zimtzicke

Mädchen oder *Frau*, die sich zickig benimmt (wohl von: fauler Zimt = Unsinn, dummes Zeug; als Schimpfwort im Ruhrgebiet möglicherweise auch deshalb so beliebt, weil es ähnlich klingt wie der polnische Familienname »Czymczyk«, der früher bisweilen als Synonym für einen polnischen Zuwanderer diente)

zocken

1. Pferdewetten 2. Pokern / *Spiel* 3. [Knast- und Börsensprache] allgemein: Glücks*spiel* veranstalten/hochspekulative kurzfristige Geschäfte mit Aktien und Derivaten machen · **Zocker** = 1. Poker-Experte 2. [Knastsprache] Glücks*spiel*er

zu

wird als Präposition meist durch »für«, »bei« oder »nach« ersetzt (»sachter für mich«, »geh ich nache ▸Bude«), zum Ausgleich dafür aber zum vollwertigen Eigenschaftswort aufgewertet: **ne zue Tür** = eine geschlossene Tür. Und allen anderen Sprachen ist das Ruhrdeutsch meilenweit voraus, weil es solche adjektivisch gebrauchten Präpositionen auch noch steigern kann: »Ich hätt gern Rosen für meine ▸Olle ihren Geburtstach. Nee, die nich, die sind schon zu auf. Gehmse drei von den **zueren** da, und mitten bisken Grünzeuch drumrum, in Folie wennet geht, sollja wat Besonderes sein« / *Sprache*

zugange sein

mit etwas beschäftigt sein, gerade etwas tun / *arbeit*en; auch verhüllend für einen gerade stattfindenden Geschlechtsverkehr / *Sex*

zukriegen

etwas (mit Mühe) schließen, z. B. Koffer / *gelingen* · **da krisse die Tür nich zu** = *Ausruf* des Erstaunens / *überrascht*

Zwergenaufstand

unnütze oder übertriebene *Aufregung* oder Auflehnung / *übertreiben*

zwiebeln

(jemandem) wehtun, *Schmerz* verursachen (vor allem Hautabschürfungen)

Zwiebelporsche

Handeinkaufs*wagen* (Einkaufstasche mit Rohrgestell und zwei kleinen Rädern); vgl. ▸Hackenporsche

Max und Moritz von Wilhelm Busch

in die Sprache des Ruhrgebiets
übertragen von Claus Sprick

Der Erste Streich

Manche Leute, gaanich doof,
hamen Hühnerstall im Hof,
weil dann könnense im Gaaten
morgens auffe Eier waaten –
auch, weil man son Flattermann
inne Fanne hauen kann,
und die Federn von som Huhn
kannze dann im Kissen tun,
weil wer sich inne Poofe knallt,
der hattata nich gerne kalt.

Kumma, da is Witwe Bolte,
die dat onnich gerne wollte.
Mit drei Hühners unnem Hahn
wolltesen paa Tacken spahn.

Max und Moritz, diese Blagen,
wolln dat Federvieh am Kragen,
undse schnibbeln, gaanich dulle,
Stückskes vonne Butterstulle.
Vier so Bröckskes, nich zu dick,
bindense an einem Strick,
dense dann mit flinke Foten
stickum über Kreuz verknoten.
Kuck – da lehngset hinterm Schuppen,
um die Viecher zu betuppen.

Der Gockel hattat gleich geschnallt
und denkt: »Ich glaub, ich steh im Wald!
Jetzt schreisse ersma Kickrikih,
sonz raffen dat die Hennen nie!«
Die kamen dann auch angefitscht
und ham die Krümels aufgetitscht.
Doch plötzlich, ehse sich verkucken,
sindse am wüagen un am schlucken,
se feckeln hin und feckeln her
und denken sich: »Ich werd nich mehr!«
Dann flatternse bis auffem Baum
und hängen da und glaumet kaum
und schnallen datti Gurgel klemmt
und machen sich vor Schiss im Hemd.
En Ei noch legen könnse nur,
dann sindse alle inne Uhr.

Witwe Bolte in ihrm Bau
kricht wat mit von dem Radau,
springt verdattert ausse Poofe
und bekuckt die Katastrophe,
fängt am heulen: »Ach o Graus,
dat hälze ja im Kopp nich aus,
die aamen Viechers, aus der Traum,
jetz hängense kaputt im Baum!«

Se schnieft und holtat Pittermesser
und denkt bei sich: et is wohl besser,
wemman die Öskes runterschnippelt,
wose schomma abgenippelt!
Dann quetschtse noch ne Träne raus
und schleppt dat Viehzeuch rein im Haus.

Doch nichenuch mit diese Sache:
Klops zwei is auch schon inne Mache!

Begriffliche Wörterliste

Ablehnung ein auffen ▸Bollen, und en Ei aussem ▸Konsum, die ▸Hippe wollt auchen langen Schwanz ham, is nich, im ▸Kino, leck mich doch am ▸Leibchen, ja bin ich denn der ▸Leo?, keine müde ▸Mark, *den ▸Teufel tun, nicht ▸verknusen können

abnehmen *abknöppen, *abluchsen, entsteißen, *aus dem ▸Kreuz drehen/leiern

abregen sich einkriegen

abschlagen abfitzen, petschen

abschneiden *absäbeln

absichtlich *extra

abstreifen abströppen

Abwasserkanal Köttelbecke

abweisen abschmieren, außen vor sein/bleiben, *weg vom Fenster sein

Ackerwinde Pisspöttchen

Adventskalender Türkenkalender

Akte Murke

alt *tote ▸Hose, Kneisterpott, oll, *zwischen 80 und ▸scheintot, verkinschen

Alteingesessener Pohlbürger

anfangen *eine Sache richtig ▸einstielen, lass ▸knacken, mamma los

anfassen *anpacken

Angeber kein ▸Arsch inne Buxe, aber La Paloma pfeifen, ▸Bagger mit Licht, *Fatzke, *▸Graf Koks (von der Gasanstalt), ▸Graf Rotz (von der Backe), *halbes Hemd, *Laffe, *den dicken ▸Otto markieren, prempig, *angeben wien ▸Sack Seife, *die große Schau abziehen, *einen auf Schau machen, Spargeltarzan, *Stenz, strunzen

Angst Bammel, *Bangebux, Bullemann, *Fracksausen, einem das ▸Hemd am flattern machen, *sich ins Hemd machen, *Manschetten haben, *Muffe, *dem geht die ▸Muffe eins zu tausend, *Muffensausen kriegen, *Schiss, keinen ▸Schnief haben, Strang haben, *Traute

Anrede ej, ey, hömma, hörnsema, Langen, Onkel, Rotzigen, Schnuffel

ansprechen *anhauen

sich anziehen   sich anströppen/anströbbeln

Arbeit   im ▸Brass sein, Brassel, Brast, *fummeln, Gebrassel, *kloppen, *korrekt, Kotten, krücken, Maloche, *malochen, pannen, prümeln, *pusseln, ▸Rabotti machen, Ritzenschieber, Schicht, auf ▸Schicht gehen, Schicht machen/schieben, wullachen, wullacken, *zugange sein

Ärger   einen am ▸Appel kriegen, sich ▸aufkröppen, sich aufkrücken, ausklinken, *ausrasten, bräsig, Brass, Brassel, Brast, *einen ▸Föhn kriegen, fuchtig, verdammte ▸Hacke, (ich glaub) es ▸hackt, *dann ist die Kacke am dampfen, gleich rappeltet im ▸Karton, kiebig, kiewig, mit jemandem ▸Knatsch haben, Knies(t), krabitzig, kröppen, krötig, ▸Larri machen, *leckomio, Menkenkes, seine dollen fünf ▸Minuten haben, nickelig, piesacken, die ▸Pimpernelle(n) kriegen, ▸Rabatz machen, *einen ▸Rochus haben, *Scheißspiel

Arzt   Fünflöcherarzt, Nüllenflicker

auf   aufhaben, aufkriegen, los, offen

aufgeben   ▸aufgeschmissen sein, von der ▸Backe putzen/kratzen können, drangeben, *sich einsalzen lassen, *sich in die ▸Haare schmieren können

aufpassen   die ▸Döppen aufsperren, *die Lauscher aufstellen

Aufregung   ▸Panhas am Schwenkmast, ▸Panhas am Christbaum, *Zwergenaufstand

aufsässig   *aufmüpfig, *sich mucken, mucksig, *nickelig

aufstoßen   bäuern, böcken, bölken

aufsuchen   abklabastern

aufziehen   *anpflaumen, Haumichblau, *einen vom ▸Pferd erzählen, *uzen, *veräppeln, *vergackeiern, vernatzen

Augen   Döppen, Dötschauge, Flunschaugen, Kitschauge, Klüsen, *Matschauge, *Taucherbrille

Ausflüchte   Fissematenten, Menkenkes

Ausflug   Pollacken-Flachrennen

ausgehen   auf den ▸Jück gehen, auf ▸Trallafitti gehen, vor ▸Tür gehen

Ausländer Bimbo, Eschek, Hassan, *Itaker, *Japse, Kaffer, Käsköppe, Knackfuß, Kuffnucken, *Pizzabäcker, Pas(e)lack, Pollack, *Spaghettifresser, Spalucken

auslassen *schlabbern

Ausruf achottachott, *bärenstark, bärig, boah, boh, ▸boh glaubsse, boo, booch, bor, dä, dat issen ▸Dingen, ▸dobsche dobsche trallala, ebent, ehmt, *ach du dickes ▸Ei, ej, ey, *finito!, Flötepiepen!, Fresse, gediegen, gebongt, *geschenkt, Gottfriedkuhlmann, verdammte ▸Hacke, ich glaub es ▸hackt, nu machma ▸halblang, hömma, hörnsema, *da wird ja der ▸Hund inne Fanne verrückt, Hustekuchen!, is wat?, ▸jau (ej), kapaaftig, ▸Kerl inne Kiste, im ▸Kino, klatschdich, und en Ei aussem ▸Konsum, sieh mal einer ▸kuck, mein lieber ▸Kokoschewski, mein lieber ▸Kukuschinski, *leckomio, *leck mich doch am ▸Leibchen, *ja bin ich denn der ▸Leo?, *(prost) ▸Mahlzeit, Manno, *Mannomann, Man(n)ometer, *keine müde ▸Mark!, minnigens, Mistikack, ▸nee nö?, ▸och ja, ▸Pannemann und Söhne, *Pustekuchen!, *▸rubbel die Katz, sauber!, *ach du ▸Schande, ach du ▸Scheiße, *Scheißspiel, Schisskojedno, lass ▸schnacken, mein lieber ▸Scholli, leck mich doch inne ▸Täsch, tucke-tucke, *da krisse die ▸Tür nich zu, ach du dicken ▸Vatta, verdelli(ch), verdorri(ch), wattan wattan

Ausrüstung *Klamotten, Klotten

Ausschlag *Stippen, *ein Gesicht wien ▸Streuselkuchen

sich ausziehen sich ausströppen/ausströbbeln

Auto Adventsauto, *Bagger, *Eierfeile, Eierkitsche, *Flitzer, Gitsche, *Hämorrhoidenschaukel, *Heizölferrari, Hobel, ▸Karmann Ghia, *Karre, Kugelporsche, *Leukoplastbomber, Micke, Mimmelquieke, Nuckelpinne, *Nuttenporsche, orgeln, Schluffen, Türkenschaukel, Türkenschiff, *Türkenschleuder

Badewanne Plunsche, Pullefass

basteln *bosseln. brasseln, friemeln, *fummeln, (rum)▸klamüsern, knüstern, krosen, muscheln, musseln, prutschen, *(rum-)pusseln, *selbstgestrickt

Bauch *Ersatzreifen, *Knödelfriedhof, *Michelinreifen, *Plauze, Pocke, *Rettungsring, *Spiegeleierbauch, *Wampe

Behinderter Hümpsken, *Mongölchen, *Spasti

Behörde Kotten, Oberkotten

beinahe *um ▸Sackhaaresbreite

Beine Kackstelzen, *Stempel, umsäbeln

beklemmend benaut

Bekräftigung da kannze ▸drauf an, *echt, in ▸echt, kapito, mehrere, minnigens, mords, nochmaa, ruich, *das einzig Senkrechte, ▸sowat von, *vielleicht, zimmich

beleidigt eine ▸Fleppe ziehen, *Flunsch, *beleidigte Leberwurst, Prempe, prempig, eine ▸Schüppe/Panne ziehen

bemühen *sich einen ▸abbrechen, sich einen ▸abkrücken, Akt, am ▸kacken halten, sich ▸kretten, seine ▸Malessen/Malesten haben, *orgeln, *rumturnen

benehmen tabeldoot

Bereitschaftsdienst *Stallwache haben

Bergbau Abraum, abschleppen, abteufen, Anknebler, Anschlä-ger, Arschleder, ausrauben, befahren, Berechtsame, Berge, Blind-schacht, Blitzer, es ▸brennt!, *Dahlbuschbombe, Einbruch, Erbstollen, Esskohle, fahren, Fahrte, Fahrsteiger, Fisch, *Flöz, Frosch, Geleucht, Gewerkschaft, Gezähe, *Grubenstempel, Hän-gen, Hangendes, Hauer, Hund, Hunt, Kaue, Klauber, Knappe, *Knappschaft(sältester), Knappschuss, Küppersbuschlänge, Kux, Lampenkaue, Liegendes, Lochstein, Lore, Mächtigkeit, Malakoff-Turm, alter/toter ▸Mann, Mundloch, Mutterklötzkes, Ort, pingen, Pinge, Pingenbau, puckeln, Pütt, rauben, *Schacht, *Schicht, auf ▸Schicht gehen, ▸Schicht machen, ▸Schicht schieben, Schichtgebet, schießen, Schießhauer, Schlägel und Eisen, Schlagwetter, Schwarz-kaue, seiger, Seilfahrt, Sohle, söhlig, Steiger, Stempel, *Stollen, Streb, Strecke, taubes Gestein, Teckel, Teufe, toter ▸Mann, Trumm, Wasch-berge, Waschkaue, Weißkaue, Wetter, Wetterlampe, Wetterschacht, Wettersteiger, mattes ▸Wetter, schlagendes ▸Wetter, *Zeche

Bergmann *Kumpel, Püttmann, Püttrologe

Beschuldigung *ein ▸Bonbon ans Hemd kleben

besiegen *ausputzen, *▸nass machen, *▸platt machen, schruppen

Betrieb Klitsche

betrunken *abfüllen, bräsig, *breit, daune, duhn, schnirpe▶duhn, Glimmer, *einen inne ▶Hacken haben, hickehackevoll, *einen im ▶Kahn haben, einen inne ▶Klotschen haben, *einen ▶Kopf wie ein Rathaus haben, einen ▶Kopfschuss haben, sich hier ▶kratzen können, das ▶Männchen mit den Nagelschuhen spüren, *einen in der ▶Mütze haben, Schesemännchen sein, einen im ▶Schlappen haben, runde ▶Schuhe anhaben, die ▶Schuhe verkehrtrum anhaben, einen ▶Sockenschuss haben, *stramm, *unter ▶Strom stehen, einen im ▶Timpen haben

Bett *Besuchsritze, *Heia, Kaschott, in die ▶Kiste gehen, *▶Matratze riechen, auf die zwei ▶Meter gehen, *Molle, in die ▶Molle schieben, Poofe, ab in die ▶Puppen, Tonne

Beule Blötsch, Dötsch, *▶Hörnchen zu fuffzig, *Macke, verdötschen

Beutel Püngel

Bier Hunderterschraube, Kanne, Köpi, Pferdemiege, Pissfix, Plöppverschluss, ▶Schächtelchen Bier, Tässchen

bitten *anhauen, kannichma?, kannzema?, können

Bleistift Bleier

Bonbon Babelken, Bömmsken, Klümmchen, Klümmken, Klümmkes, Sammi, Stift

Brieftasche Patte

Brieftaube Duwenvadder, ▶gut Flug, Kabinenexpress, Konkurs, Konkurszeit, Konstatieruhr, ▶loses Weibchen, Pipigaudi, poulen, Schwanzpreis, Taubenjunge, Taubenkerl, Täubin, Taumvatter, in die ▶Uhr drehen, Vogel, Voller, Witwer, Zelle

Bündel Püngel

Bürokrat *Essigpisser, *Sesselpuper, *Tintenpisser

Busen *Keks(e), *Möpse, satte ▶Mutter, Piez

CB-Funkersprache ▶Braunsche Röhre, Handgurke, Handpuste, nicht aus dem ▶Kreuz kommen, auf die zwei ▶Meter gehen, Spargel,

Chef *BigMäc, Obermacker, *Präses

Clown Spichalski

Dieb   diesen hier, *Eierdieb, fringsen, Ganeff, Klaubock, Kläuer, *mopsen, Pattenzieher, Schore, zappzerapp

Dingsda   *Dingens, Dingenskirchen, Ömmes

doppelt   *doppelt gemoppelt

Dreck   Driet, Flatschen, Mott, Siff

dreist   prempig

Drohung   ich lutsch dir gleichen ▸Auge aus, ich schieß dir gleichen drittes ▸Auge, komm du im ▸Bett, ▸jaa nich, *gleich rappeltet im ▸Karton, willzen Satz heiße ▸Ohren

dünn   *halbes Hemd, Pissel, Schmachtlappen, schroh, Seepenspönken, *Spargeltarzan, spiddelig, spillerig, Spinnewipp, spirrig, Spucht, *▸Strich inner Landschaft, Zammel

Durchfall   Dünnflitsch, Dünnpfiff, Dünnschiss, *Durchmarsch, *flotter▸Heinrich, flotter▸Otto, *Lauferitis, *▸Rache Montezumas

Durst   *Brand

egal   *▸egal ist achtundachtzig, *▸gehoppt wie gesprungen, etwas machen wie ▸Pfarrer Assmann, Schisskojedno, ▸schlören lassen, ▸schlüren lassen, ▸schnurz und piepe, *schnurzegal, *wurscht

einfach   *locker, *▸locker vom Hocker, Pipifax, pipileicht, puppig

Einkaufstüte   *Türkenkoffer

einschmeicheln   sich ▸ankötteln, sich ▸anpieseln, *scharwenzeln, Schleimi, *Schleimscheißer

Einschub-s   Aalskuhle, Adsventskalender, Bratskartoffeln, Bratswurst, eingslich, *Geschenksartikel, *Inzahlungsnahme, irngswat, irngswie, irngswo, meinsweeng, Mietshaus, Mietsvertrag; Mietsvertrag, Öfsken

Eintracht   *▸Friede Freude Eierkuchen, *▸kondom gehen

Elend   dat arme ▸Dier kriegen

Empfängnisverhütung   Lümmeltüte, *Ostfriesenroulette, *Präser, *vatikanisch ▸Roulette, Smarties

empfindlich   *etepetete, ▸fies für/vor sein

energisch rangehen wie ▸Ferkes Willem, ▸hau rein dattet rumst, ▸hau rein is Tango, mit ▸Kafuck, kapaaftig, *mit ▸Karacho, Kawumm, Kawupp, Kawuppdich, volle ▸Lutsche, *volles ▸Pfund, *volles Rohr, mit ▸Schmackes

eng sich ▸knubbeln, spack

Entfernung Strahl

entscheiden *▸barfuß oder Lackschuh, ▸Pinneken ziehen, ▸Pinnchen ziehen, ▸wat is?

erfahren *baldowern, *rausklamüsern, rauspopeln

erfolglos *nicht aus dem ▸Kreuz kommen

erholen *sich ▸bekrabbeln

erklären aufdröseln, *verklickern

Ersatzmann Rampelsant

Erzählung Döneken

Essen ▸alle machen, Asischale, *Beamtenspargel, Bergmannsbra-ten, Blubber, *Bollen, Bratskartoffeln, Bratswurst, *Bremsklotz, Bütterken, Dubbel, Erpel, Erpelschlut, Fitzebohnen, *Flattermann, *Fraß, *Fressalien, *Fritten, Gedatschter, Gulpopo, *Gummiadler, *Gummigeier, *Hasenbrot, *Heringsstipp, Hoppelpoppel, Käl-berzähne, *Kappes, Karro, Knäppchen, Knif(f)te, *Löwenköt-tel, *Mafia-Torte, Mampfe, Mantaschale, Mantateller, Matsche, Mu(t)zemandeln, *Negerpimmel, Neujährkes, Ötzen, Panhas, pännekesfett, Pellmänner, *Piepenkerl, Plempe, *Plörre, *Pommes, ▸Pommes mit Schlampe, ▸Pommes mit Matsche, ▸Pommes mit Rot-Weiß, ▸Pommes Schranke, Schlabberkappes, Schlampe, Schlappi, Schtiek, Ströppmus, *Stulle, *Stutenkerl, Urzen, Worzestersose, Wörtschestersose

essen abknabbeln, ▸alle machen, aufhaben, aufkriegen, aufscheppen, barfuß, buttern, ess, nabbeln, pröffen, prufen, sich etwas ▸reinfegen, *reinhauen, sich etwas ▸reinpfeifen, sich etwas ▸reinzerren, *sich etwas ▸reinziehen, schnuppern, tabeldoot, verschnuppern, *verto-backen

Evidenz anscheinends, anscheinz, scheinz

fahren *Führerschein bei ▶Aldi gemacht, be▶fahren, *brettern, *▶Führerschein auffe Rolltreppe gemacht, *juckeln, Kaneh, nageln, ölen, durch die ▶Pampa heizen, Pättkenfahrt, Pättkestour, *(rum-) gurken, *rumgondeln, rumjachtern, rumjächtern, rumjückeln, rumsülzen, Runzelkarte, (vollen) ▶Stoff geben, sich ▶verfransen, *Würmeling

Fahrstuhl Bonzenheber

Fasern Fissel, Fussel, Schluwen

faul Laumalocher

Fehlschlag Flötepiepen!, Hustekuchen!, Klops, *seine Mucken haben, *Pustekuchen! ▶Scheiße bauen, *Scheißspiel, schlempern, Schote, *vor den ▶Schrank laufen, *▶Schuss in den Ofen, jemandem ist die ▶Suppe verhagelt, *in den ▶Teich setzen, verbaseln, verbumfi(e)deln, verfumfeien, verpudeln, *versaubeuteln, verschlempern

Feierabend Schicht machen

feiern abgehen, *den ▶Abraham sehen/gesehen haben, Halligalli, Ramba-Zamba, *Remmidemmi, *eine Sause machen, Trallafitti, auf ▶Trallafitti gehen

Fenster Kippmännchen, Schott

Fernsehgerät Fernseh, *Glotze, Glubsche, Glubschkiste

festhalten *jemanden am ▶Schlafittchen packen

Flegel Bischek, Lökel, Lorbas, Pas(e)lack, Seeger, Seger, Spalucken

Flüssigkeit Lorche, *Lorke, Miege

Frau Alsche, *Altsche, ette, etteken, Lutsche, Mat(t)ka, *Mistbiene, *Olle, *Perle, *Putzlappengeschwader, Schlunze, Schnäbbelliese, *Schnecke, *Schreckschraube, Tille, *linke ▶Titte, Töle, Trudchen, Trulla, Trutschka, Tülle, Tutti, Tuttichen, *Zapfschnecke, Zimtzicke

freigebig *die Spendierhosen anhaben

Freund Knülli, *Kober, *Kumpel, Mäc, *Macker, Ollen, Oller, *Perlo, Scheetz, Strulli

frühstücken buttern

füllen aufscheppen

169

Fußball ▸auf Schalke gehen, dötschen, ▸Ernst Kuzorra seine Frau ihr Stadion, Flautsche, *Granate, *Klebe, Pocke, pöhlen, Pöhlers, Rot-Weiß

Füße Käsemauken, *Käsequanten, *Mauken, Saft▸mauken, Pillefüße, *Quadratlatschen, *Quanten

Gauner *abgezockt, *linke ▸Bazille, Bunke, Ganeff, Lorbas, Möppes, Schaluppi, *Schlawiner, Schlickefänger, Schlirch, *Schlot, Schmierlapp, Schubiak

geben rüberschmeißen, rüberwerfen, tun

Gefängnis *(ab)brummen, *einbuchten, *in den Kahn gehen, Kaschott, in die ▸Kiste gehen, *Kittchen, *Knacki, *Knast, *Knastologe, Knastrologe, *gesiebte Luft atmen, *verknacken

Gefäß *Aschentonne, ▸Braunsche Röhre, Dröppelminna, Henkelmann, Kanne, Kohlenträte, Kump, Milchtöte, Töte

Gegend Botanik, Pampa, Walachei

Gegenstand Apparillo, Bello, Brack(er)mann, Earnie, *Kalabreser, Kawenzmann, Ömmes, Oschek, Oschi, *Otto, Pinnorek, Pissel, Prengel, Trumm

Gegenteil im ▸Gegentum

gehen ange▸dackelt kommen, derben, eiern, fäntern, feckeln, ka▸feckeln, *fitschen, jückeln, klabastern, lostigern, ölen, rumjachtern, rumjächtern, schlörren, schluppen, schlürren, stratzen, tändeln, tapern, *▸teita gehen, vor ▸Tür gehen

Geistlicher die schwarze ▸Kuh im Stall haben, Pastek

geizig Fuchser, happig, kniepig, Kniepstiebel, knietschig, Schrapper, *Schrapphals, *schrappig

Geld Abstecke, *Asche, *Blauer, Bollerrad, Euro, Fuchs, *Geige, und >n paar ▸Gequetschte, *Heiermann, *Klimpergeld, *Knete, *Kohle(n), bar auf ▸Kralle, Krümmelsbetrag, *Limburger, *keine müde ▸Mark, hunderte/tausende von ▸Marken, ▸Messing abwerfen, Meter, Moppen, Möpse, *Negergeld, Ohren, Patte, *Penunse(n), Pfund, Porpmonee, ▸Poscher auf Kralle haben, Püttgeld, Rabotti, *halber Riese, *Riese, *Schickermoos, Schleife, *Schotter, Schuck, Sonntagsgeld, Tacken, *Zahlemann

gelingen   aufkriegen, *etwas ▶bringen, *dat is der ▶Bringer, *fluppen, flutschen, raffen, *▶Trick 17, zukriegen

gemein   ein ▶Bonbon am Hemd kleben, *nickelig, schäbbig, *linke ▶Titte

gemütlich   muckelig, *schnuckelig

genießen   *sich etwas ▶reinziehen, *Schmecklecker

Geräusch   gnatschen, klackern, *kladderadatsch, klatschdich, *pardauz

Geschäft   Fitsch, ▶Klüngel miteinander haben, ▶Messing abwerfen

Gesichtsausdruck   bedröppelt, Fleppe, Flunsch, Fluppe, (lange) Lebbe

gesund   *beikommen, sich ▶bekrabbeln

Getränk   *Absacker, Allohol, asbestfrei, bleifrei, Bölkwasser, ▶Bottroper Bier, Durchfallbronn, Fiffi, *Fusel, Gedeck, *Gesöff, Granate, Killepitsch, Knickerwasser, *Krane(n)berger, Krefelder, *Kribbelwasser, *Kurzer, Lorche, Lorke, toter ▶Otto, *Plörre, ▶rein' Wort Gottes, Rülpswasser, Ruppiger, *Samtkragen, Schabau, Schmunzelwasser, Urwaldmaggi, *Zielwasser

Gewinn   *Reibach

Glück   *Dusel, *Massel, einen ▶Papst in der Tasche haben

Griff   Hengel

Gruß   ▶gut Flug, ▶hau rein dattet rumst, *Mahlzeit, schüskes, *▶Tach zusammen, *bis die ▶Tage

gut   *bärenstark, *bärig, bomforzionös, dobsche, *▶drauf sein, *dufte, *einsam, *das haut den stärksten ▶Eskimo vom Schlitten, die ▶Fetze sein, *fetzen, *fetzig, geht nix ▶für..., *geil, voll einen anne ▶Glocken kriegen, *irre, knuffig, *rattenscharf, reinfetzen, schrill, *spitzenmäßig, *stark, *töffte, toffte

gutmütig   *ein Gemüt wie eine ▶Brummfliege haben, Möppes, treuer ▶Schluffen, *dem scheint die ▶Sonne aus dem Arsch

Haar   Blauer, Fiffi, Kanten, Kletschkopp, Klüsen, Knäppchen, Knütsch, Krüssellöckchen, Matte, *Pläte, Pröddel, Röllekes, Stiftekopp, Totten, *die Treppe runtergefallen sein, *Zottel, *Zottelkopp

Hammer   Mlotek, Mottek

Hände   Fottfinger, Pätzkes, Schüppen

Haus   Hucke, Kabachel, Kotten

Hausaufgaben   Schulla

heimlich   stickum

Herkunft   ▸wechkommen von

herumtreiben   rumschlumpfen, *rumstromern

hilfsbereit   kumpelig

hinauswerfen   *schassen

hinfallen   einen ▸Adler machen

hinschicken   *scheuchen

Hintern   *Fott, Föttken, Futt, Kunt, Pöter

Hochschule   Akamie, Unität

Homosexueller   Detlef, Detlev, Erich, *Tunte

Hosenschlitz   *Stall

Hühnerstall   (Hauner-) ▸Feckel

Hunger   *Kohldampf, Schmacht

Husten   einen ▸abseilen, Bergmannsjojo, bölken, Bölkhusten, ▸Briketts husten, Flörch, kröchzen, *die Motten haben, ausser sieb-ten ▸Sohle holen

ignorieren   *die ▸Ohren auf Durchzuch stellen

Imbiss   Donaldstuben, Frittenstall, *Pommesbude, Schnellfress

ja   jau, ▸jau ej, jee

Junggeselle   *Einspänner

Kaffee   Käffken, *Muckefuck, Negerschweiß, *Prütt

kaputt   abkacken, durchknallen, *über den ▸Jordan sein, *kapo-res, kapüh, *zu ▸Klump fahren/schlagen, ▸koppheister gehen, *im ▸Teich, inne ▸Uhr, über die ▸Wupper gehen

kaufen   Aldi, Bude, ▸Ciska und Anna, holen, auf ▸Keife, Klingelbude, Konsum, ▸Pollacken-Flachrennen, Trinkhalle, Wollwott, Wullko

Kegeln   *Kackstuhl, ▸Nümmerchen putzen/machen, Ommas Gebiss, *Pumpe, *Stina (mit Kind)

Kehle   Strotte, Tröte

kennenlernen *abschleppen, *anbaggern, sich ▸anpieseln

Kerngehäuse Kitsche

Kind *Blag, Dopp, Döppken, *Dotz, Dötze, i-▸Dötze, Dötzkes, Dröppel, ette, etteken, Eumel, Fitzemann, Föttken, Furzknoten, Furzknubbel, Hibbel, Hümpsken, *i-Männchen, Ipschek, Jaust, Kiki, *Köttel, Krotz, Krötzken, *Kurze(r), Lütte, Oschek, Ösken, Patzköttel, Pätzköttel, Prömmel, *Rotzlöffel, *Schisser, Schlickefänger, Schlirch, Stöppken, *Stöpsel, Ströppken, (Klein-)▸Tutti, Tuttichen, Ullige(r), Urse(l), Wibbelstert, Wippstert

Kindergarten *(Kinder-) Verwahrschule

Kitsch ▸Gelsenkirchener Barock, Kitschback

kitzeln killern

klar *alles ▸Banane, *gebongt, *kapito, *▸klar wie Klärchen/Kloßbrühe, *klaro, *alles paletti

kleben pappen

Kleidung Anziehsachen, *Blaumann, Bollerhose, ▸Borbecker Halblang, Brocken, *Buxe, *Fummel, ▸für gut, Galotte, Jonteff, *Kaftan, *Klamotten, *Kledage, Klotten, Klüngel, *Kulturstrick, Miefsocken, *Montur, (Nacht-)pölter, *Nuttenzobel, Pisselumpen, Pisselümpen, Pisselünnen, Plörren, Plünnen, Polter, Pusselümpen, *Rotzbremse, Schlabberdönken, Schlawwa, Schlawwanzuch, spack, Strunztuch

klein Fisselkram, Friemelzeuch, Fürzepüppel, krummes ▸Gefick, impig, Ipschek, ipschig, Knipperdolling, *kreplig, krümmelig, Krümmelsbetrag, Mickermännchen, *Schrumpfgermane, spiddelig, spillerig, spirrig, Tuck, ullig, urselig

klingeln *anschellen, *▸Klingelmännchen spielen, Schellemännchen, Schellemänn(e)kes

Knäuel Pröddel, Prömmel, verpröddeln

kommen ange▸dackelt kommen

kompliziert *knifflig

Kopf *Ballon, *Birne, Dassel, Dez, Feige, Kappes, *Keks, Latüchte, *Nuss, *Pläte, Wirsing, *Zwiebel

Kopfbedeckung Aalscheppe, *aufhaben, Fletsch

Kopfsprung *Köpper, *Stickser

Körper   *krumm wien ▸Flitzebogen, Flügeletui

Kot   *Köttel, Patzköttel, Pätzköttel

Kram   *Brocken, *Gedöns, Klüngel, Kroppzeug, Kros, krosen, Pisselskram, Pisselumpen, Pisselümpen, Pisselünnen, Pusselümpen, Schlampampel, Schrux, Sums, *Tinnef

krank   *Bazillenmutterschiff, blässkes, *Buchknippen, wat is gehsse ▸kaputt?, *Gelber, Herzklabastern, Kaputtnik, kaputtschreiben, kodderig, Kreislauf, rum▸krepeln, lurig, Malessen, Malesten, *sich ▸matschig fühlen, *die Motten haben, Pine, Pips, schwiemelig, Siff, Steinstaub

kratzen   schubbeln

kraus   krüsselig

krumm   uhlings

Küche   *brötscheln, brotscheln, döppen, durcheinander, Erpelstämmer, *Flötekessel, gestuft, Pannschuber, Schöttelplaggen, Serwieh, verbrötscheln

kündigen   *schassen

kuscheln   sich ▸einmuckeln, *knubbeln, schmüserig

lachen   *abrollen, *sich einen Ast lachen, sich ▸beömmeln, sich ▸beeumeln, sich ▸bretzeln, *geiern, gibbeln, Gibbeltante, gigstern, Kalberkopf, *Kichererbse, *sich kringeln, da kriegen die ▸Ohren Besuch, *▸Scheiße schreien

Lampe   Blitzer, Frosch, Geleucht, *Latüchte

lange   *bis in die Puppen

langsam   drämelig, drämeln, drölig, drömmeln, ein langes ▸Hemd anhaben, *klüngelig, ölen, tucke-tucke

langweilig   sich die ▸Falten aus der Hose/aus dem ▸Sack bügeln, *Funzel, *furztrocken, Hänger, *tote ▸Hose, *lufttrocken, *Nieselpriem, *Stiesel, *Tranfunzel, *Transuse

Lärm   bandusen, *▸Rabatz machen, *Randale machen, tröte(r)n

lästig   drisseln, Kack, *auf den ▸Keks gehen, Maschore, pängstern, Pisselskram, *auf den ▸Sack gehen, *auf den Wecker gehen, *auf den ▸Zeiger gehen *lauern* geiern, spinksen, spinzen

leer *alle, ▸alle machen

Lehrer Frollein, Mikätzchen, *Steißtrommler

Lehrling *Azubi, *Ladenschwengel, Spucht, *Stift

lernen *bimsen

Liebe *▸Bubu machen, *fummeln, ▸Herzkes inne Augen haben, knubbeln, Knüssel, Krösken, muscheln, musseln, schmüserig, Schnuffel, ▸Sternkes inne Augen haben, *verknubbeln, *Wärmflasche mit Ohren

Lob bissen ▸Töfften

Loch (im Strumpf:) *Kartoffel, (zum Kohlenkeller:) Schipploch

Lösung *▸Trick Siebzehn (mit Falle und Selbstüberlistung)

lügen bekohlen, und en Ei aussem ▸Konsum, *einen vom ▸Pferd erzählen, verkohlen

Lust *Bock haben

lüstern *▸frisch machen, *▸lang machen, ▸mucker sein, *▸spitz wie Nachbars/Opas Lumpi

lutschen Loller, lollern, *Lolli, lullen

luxuriös *▸Bagger mit Licht, Haute Volaute, *mit allem ▸Komfort und Zurück, *mit allem Pipapo

Mädchen Brummsumse, Brummsuse, lecker ▸Dierken, ette, etteken, *heißes ▸Gerät, Gibbeltante, Granate, *Ische, *Keule, *Kichererbse, *Landei, Mistbiene, satte ▸Mutter, Rappeltrine, Schese, *Schickse, Schranze, *schnuckelig, Tille, Töle, *Törtchen, Torte, Trudchen, Trulla, Trutschka, Tülle, *Tussi, Tutti, Tuttichen, *Wanderpokal, *Wicht, Zimtzicke

Mann *Aschenmänner, Asi, Dachhase, *Fatzke, *Freier, *schräger ▸Fürst, Heiopei, Immchen, *Kaffer, Klepperhannes, Klüngelskerl, Klüngelspitt(er), Kneisterpott, Knülli, *Kober, *Kumpel, *Laffe, Langen, Lappes, *Lulatsch, *Macker, *Macho, Obermacker, Ollen, Oller, Packaan, *Proll, Prolo, *Perlo, Rampelsant, Ritzenschieber, Saftarsch, Saukopp, *Sausack, treuer ▸Schluffen, Schlunz, Schlunzkopp, *Schmachtlappen, Seeger, Seger, *Stratege, Töfften, Waldheini

-mann Backmann, Birnemann, *Blaumann, Brack(er)mann, Bullemann, Dullmann, Fitzemann, Flappmann, *Flattermann, Henkelmann, *Kawenzmann, Laumann, Lichtmann, Mickermännchen,
Pannemann, Pellmänner, Pille(r)mann, Pittermann, Püttmann,
Schesemann sein

Masse Flitsch, Glibber, Mampe, Mampe-Pampe, Maschore, *Pampe,
Plempe, *Plörre

Medikament *(schweres) Geschoss, Scheißoletten, *Smarties, Stehpille

Menge Hümpel, Kletsch, Knubbel, sich ▸knubbeln, mehrere ▸Meter,
Mütze, Naht, Remmel, Schore, *Streifen, Tacken, Tuck

Mensch *Arschgeige, Baselkopp, Bollerkopp, Earnie, *Fott, Für-
zepüppel, Fuzzi, krummes ▸Gefick, *langes ▸Gereck, *Gesocks,
Grommik, Hahnepampel, Heiopei, Herzken, *tote ▸Hose, *Kaffer,
Kalberkopf, Kamuffel, Kaputtnik, *Kawenzmann, *Kindskopp,
*Klappergestell, Knackfuß, Knipperdolling, Knubbel, *Kotzbro-
cken, Krepel, *Lulatsch, Meckerfott, Mickermännchen, Mistbolzen,
Muffkopp, fieser ▸Möpp, Möppes, Müffi, Muffkopp, *Pohlbürger,
Pollack, Quaksack, Quaterkopp, Rappelfott, Saukopp, *Schlaffi,
Schlappi, Schleimi, Schlönzken, *Schlot, Schmierlapp, Schmier-
läppken, Seepenspönken, Spinnewipp, Spucht, Stoffel, *Strich inner
Landschaft, Tonne, *Träne

merkwürdig gediegen

Messdiener Schellemännchen, Schellemännkes

Messer Hümme(l)ken, Knippchen, Lümmelken, Pittermann, Pittermesser, Zachel

Metzger *Katzoff

mitnehmen *abschleppen, beihaben, rumschlüren, schlörren

Möbel ▸Gelsenkirchener Barock, *Jaffamöbel, Pitterkasten, Schapp,
Schoss, Soffa

Mond *Säufersonne

mühsam rumkrepeln, *Schlauch, *schlauchen

Mulde *Kuhle

Müll *Asche, Aschenkippe, *Aschenmänner, *Aschentonne, *Kippe, in die ▸Tonne kloppen

Mund Babbel, Flunsch, Fluppe, Gusch(e) *Klappe, Mule, Schnüss, *Schnute

Musik *dudeln, *Dudelkasten, Lalla, Tröte, tröte(r)n

Muskeln Mackes, *Muckis

Name ▸Anita Drögemöller, ▸Antek und Frantek, Cervinski, Kartoffelhändler ▸Erpelschulte, ▸Ferkes Willem, ▸Graf Koks (von der Gasanstalt), ▸Graf Rotz (von der Backe), Kaludrigkeit, Kokoschewski, Kukuschinski, ▸Kumpel Anton, Schwachstromingenieur ▸Luckebömmel, *▸Pfarrer Assmann, Johannes ▸Pottkieker, *Scholli, Spichalski, Malchen ▸Spinnewipp, Adolf ▸Tegtmeier,

Nase Gummel, Nüssel, Omme, *Zinken

Nasenschleim Bullemännchen, Knirbel, Ötter, *Popel, *Schnodder, Schnotten, Schnötten, schnüten, Sodder

nass kladdernass, kletschnass, *pladdernass, *plitschnass

Nervenklinik *Klapsmühle, *Nasenbleiche

nervös *fickerig, hibbelig, hippelig, knibbeln, Knibbelkopp, *Rappel, Rappelfott, Rappeltrine, rattendoll, rattendüll, *im ▸Sechseck springen

neu nigelnagelneu

neugierig *gespannt sein wie ein ▸Flitzebogen

nicht *nicht die Bohne, *weiß der Geier, *null, kein ▸Schnatz, *keine ▸Verträge haben mit

niedlich *schnuckelig, schnuffig, urselig

niemand *kein Schwanz

nörgeln Brummsuse, Knatschkopp, knöttern, Knötterkopp, lurig, Meckerfott, *Miesepeter, *moppen, Muffkopp, *Nieselpriem, *nölen, ösig, quaatschen, *rumsülzen

Obhut *verwahren

Ohren Kellen, *Lauscher, Rotzlöffel

Ohrfeige Dachtel, eine ge▸fegt kriegen, flusen, ein ▸geflappt kriegen, nuschen, (ein Satz) heiße ▸Ohren, eine schallern, dat ihm en Satz ▸Ohren fehlt, *eine scheuern, eine ▸tafeln

Ortsnamen   Glabotki, GRUGA, ▶Lago di Baldino, ▶Monte Katerno, ▶Monte Schlacko, Kö, am ▶Krausen Bäumchen, Rü, Rüttentütt

Papiere   Bockschein, Fleppe, *Schrieb, Wisch

Parfum   *Nuttendiesel

Pedant   *Dünnbrettbohrer, *Erbsenzähler, *Essigpisser, fieseln, fimmelig, *Kernbeißer, *Korinthenkacker, Krümelkacker, Pieselkopp, *Pisselskrämer, *Sperrholzbohrer

Penis   Dödel, Hammer, *Latte, *Morgenlatte, Nülle, Pille(r)mann, *Riemen, *Ständer, *Wasserlatte

Politik   *linke ▶Bazille, *das richtige/falsche ▶Gebetbuch haben, *Klüngel, linke ▶Titte

Polizei   *Bulle, Grugawagen, ▶grüne Minna, *Polente, *Tschako

primitiv   *das ▶Licht noch mit dem Hammer ausmachen, primif, *die Miete mit dem ▶Revolver kassieren

Problem   *▶alt aussehen, Dollpunkt, dann is ▶Hängen im Schacht, *▶Kasus Knacktus, *Knackpunkt, *▶Kopf wie ein Rathaus, Packende, *auffem Schlauch stehen, *in Schwulitäten kommen, im ▶Tork liegen mit

Prostitution   Bockschein, Eierberg, *Freier, Gurke, *▶Nutten-TÜV, *Schnalle

putzen   Feudel, feudeln, muscheln, musseln

Putzfrau   *Perle, *Putze, *Putzlappengeschwader, Putzolle

Putzlappen   Feudel

Radiergummi   Raditzefummel

Rasierapparat   *Barthobel

Raum   Kabause, Kabäusken, *Kabuff, Kaschott

reden   sich ▶auskoddern, *sich auskotzen, *bekakeln, blubbern, *Gelaber, *Geseires, *Gesülze, einen ▶Kall machen, kallen, *Kokolores, Laberkopp, *labern, lullen, *sich den Mund fusselig reden, plauschen, Pläuschken, Quaksack, Quaterkopp, quatern, *rumlabern, ▶Sabbelwasser getrunken haben, *säuseln, *Schmonses, schnäbbeln, *Schote, *Spruch, *sülzen

regnen   dröppeln, fisseln, meimeln, *nieseln, plästern, *schütten *reich* *was an den ›Füßen haben

reichen rüberschmeißen, rüberwerfen

richtig *›Butter bei die Fische tun, passt wie Arsch auf ›Eimer, *eine
Sache richtig ›einstielen, *korrekt

Riegel Scholle

Ruhrgebiet *Kohlenpott, Revier

Ruhrschnellweg Ruhrschleichweg

Salmiakpastille Sammi

satt sich ›plusterig fühlen, *pupsatt

Schaufel (ein)pannen, *einscheppen, Panne, pannen, ›Pannschüppe,
scheppen, *Schüppe

schimpfen *du kannz mich ma am ›Abend besuchen, anbölken,
*anmachen, anpampen, *anpflaumen, anscheißen, *dösig, *›frisch
machen, *leck mich, leck mich doch am ›Leibchen, Mistbiene,
Mistbolzen, moppern, *mosern, *motzen, dat ›musse nich, pampen, Patzköttel, Pätzköttel, *jemandem einen ›reinwürgen, *Rüf-
fel, rum›pampen, *einen auf den Sack kriegen, Saftarsch, Saukopp,
*Sausack, *sauber!, schättern, *Scheibenhonig, *Scheibenkleister,
*Schleimscheißer, *leck mich am Sockenhalter, Spalucken, ollen
›Stinkstiebel, leck mich doch inne ›Täsch, Tortenarsch

Schlacken Schröwen

schlafen ›Bubu machen, *›Heia machen, knacken, *die ›Matratze
abhorchen, eine ›Mütze Schlaf, poofen, ratzen, schnurcheln

schlagen *›alle machen, *ballern, Dachtel, düpsen, *einen
›einschenken, *einwämsen, eine ge›fegt kriegen, flusen, ›frisch
machen, *voll einen anne ›Glocken kriegen, *aus dem ›Hemd hauen,
*die ›Hucke voll hauen, einen vor die ›Karre hauen, Kitschauge,
*Klopperei, *zu ›Klump schlagen, *in der ›Mache haben, Mutzkopp,
nuschen, plästern, *einen auffen ›Punkt kriegen, Senge, eine ›tafeln,
*Taucherbrille, einen ›tupfen, *eine ›verbraten, vermachen, versem-
meln, *vertobacken, vertrümmern, verwämsen, verwimsen, *einen
auf die Zwölf geben

schlapp abgelatscht, alle, *sich von ›innen bekucken, *geschlaucht,
*groggy, Hänger, kapüh, lurig, *sich ›matschig fühlen, *sich ›mau
fühlen, *Schlaffi, Schlappi, keinen ›Schnief haben, *Träne, ›verhauen

aussehen, sich ▸vermatscht fühlen, verschwiemelt, *auf dem Zahn-
fleisch gehen

schlau *abgezockt, wissen was ▸Ambach ist, *auf dem
▸Durchblickerlehrgang in Zwiesel gewesen sein, finnig, *einen Rie-
cher für etwas haben

schlecht abgelutscht, *ätzend, *schwaches ▸Bild, ein ▸Bonbon am
Hemd kleben, derb, *da kannzen ▸Ei drüberschlagen/drüberhauen,
Hugo, schmeckt wie ▸Hund (von) hinten, schmeckt wie ▸Knüppel
auffen Kopp, *schmeckt wie ▸Laterne ganz unten, schmeckt/riecht
wie ▸Omma unterm Arm, *schäbbig, kannze inne ▸Tonne kloppen,
▸verhauen aussehen

Schleuder Fletsche, Krampe, schnacken

schlittern *schlindern

Schluckauf Hick, Hickeschlick, *Schlick

Schluss *finito, *kurze ▸Fuffzehn machen, *Sense, *jetzt ist zappen-
duster

Schlussverkauf ▸Pollacken-Flachrennen

Schmerz Pine, tausend ▸Stecknadeln, zwiebeln

Schmuck Bello, Briller, *Brilli, *Klunker, Knippsteine

schmuggeln *paschen

Schmutz *Bremsspur, *(rum)ferkeln, Flitsch, *Hobbyflecken, Kniest,
hier sieht es aus wie ▸Sau/wie bei Sau(s), *Schmierlapp, Schmierläppken, *Sportsflecken, Totten, *Wutz, *wutzen

schnell sich ▸abjachtern, *Affenzahn, wien ▸Dopp, ebent, ehmkes,
ehmt, ehsse, grade, ▸grad ehmt, *kurze ▸Fuffzehn machen, gau,
*mach ▸hinne, *mit ▸Karacho, *▸rubbel die Katz, in die ▸Puschen
kommen, rappzapp, roppzopp, *ruckizucki, *(vollen) ▸Stoff geben,
*volle Pulle, wacker, *auf Zack sein, zappzerapp, *in ▸Zeit von nix

schnorren van ▸Ander(e)n, Laumann, Lauschepper, Schnoratti

Schnuller Loller, lollern

schnupfen (Tabak) schnüten

schön *aufmotzen, aufp(r)eppen, ▸lecker Dierken, *schickobello,
*Schmachtlappen

Schrank Schapp

schreiben abpillern, *abpinnen, *Friedrich Wilhelm, *Gekrakel, *Krakel, *krickeln, *(Sau)klaue, pinnen

schreien anbölken, bölken, *krakeelen, päpen, *rumbölken

Schublade Schoss

Schuhe *Flurschadenbretter, *Galoschen, *Kindersärge, Klotschen, Pampuschen, Pöhlers, Puschen, Schluffen, Schocken, Treters

Schuld da kann ich nix ▸für, etwas ▸inschuld sein

Schulden auf ▸Keife, auf ▸Kubitschko kaufen, Latte

Schülersprache abpillern, absäbeln, *aufhaben, *aufkriegen, *Direx, Käseblatt, ▸pappen bleiben, einen ▸Papptus machen, Raditzefummel, *Ratzefummel, Schulla, *Tonne

Schusswaffe *Ballermann, *Knarre, Plempe, *Püster, *Zimmerflak

schwanger *einen Braten im Rohr haben

schwitzen ölen

sehen *kiebitzen, *kucken, Luckilucki machen, pillern, plinken, plinsen, spinksen, spinzen

sehr *glatt, gut, *wie ▸Harry, helleweg, *volle Kanne, *mit ▸Karacho, lecker, volle ▸Lutsche, mords, eine ▸Naht, *▸noch und nöcher, nochmaa, onnüesel, onnösel, *volles ▸Pfund, *volle Pulle, *volles Rohr, *mit ▸Schmackes, *schwer, Streifen, *tierisch, *wie die ▸Weltmeister(s), zimmich

Sex *anbuffen, *kalter Bauer, *bim(m)sen, bügeln, *bürsten, *Hobbyflecken, Klick-Klack-Kugeln, *nageln, *schnelle Nummer, orgeln, *Quickie, *Sportsflecken, vermachen, *▸zugange sein

sicher am ▸Krausen Bäumchen

Siedlung Kolonie

singen schallern

sitzen sich ▸hinpotten, rumschlehnen

Sommersprossen *in die ▸Kacke geblasen haben, *in den ▸Ventilator geschissen haben

Sonne Lorenz

Sonnenbank Asitoaster

Spiel   abpetschen, einen ▸Adler machen, *Arschbombe, *bolzen, ▸Chicago Lügen, Dilldopp, dötschen, *Dulle, *Flummi, Fummelbunker, *fummeln, *Gummitwist, *hinkeln, humpeln, *kalbern, *▸Karte odern Stück Holz, *katzbalgen, ein ▸Kläppchen machen, Klick-Klack-Kugeln, *▸Klingelmännchen spielen, *Knicker(pott), *knickern, Knippsteine, willzemaen▸ Kölner Dom sehn?, Kugelbude, kugeln, Kusselkopp, Lusche, Mau-Mau, Miegewippe, Oberzocker, Pinkatsch, *▸Pinneken/Pinnchen ziehen, Pitschendopp, pöhlen, Probe, ▸Püschken auffe Leiter, ▸Räuber und Schanditt, ▸Rulle machen/haben, rumplästern, schabbeln, Schellemännchen, Schellemännkes, schlindern, *Schnick-Schnack-Schnuck, Schnippedillrich, schruppen, ▸Spökes machen, tausend ▸Stecknadeln, Stoppenknäcker, stuxen, teicheln, tuppen, umsäbeln, verkimmeln, *zocken, *Zocker

Sport   *Bauchfletscher, *Eierwelle, *Muckibude, Plecke

Sprache   am, anfangen, auf, bei, ▸dafür dat, ▸davon ab, donnich, donnix, für, getz, hömma, komma, kumma, ma, madomma, mamma, mangern, nach, nochmaa, nomma, nonimma, nonnich, Öfsken, onnoma, Polnischplatt (mit Zungenschlag), samma, sarrich, sexich, sowat von, ummen, unnen, *vielleicht, wo, woße, zamma, zu, ▸zue Tür, zimmich, zueren; siehe auch ▸Einschub-s

Stadtviertel   *▸Klein-Chicago, Klüngelskolonie, Kolonie, *Mau-Mau, Pampas

Stein   Backmann

sterben   *abnippeln, *die ▸Blümkes von unten bekucken, *den ▸Griffel weglegen, *hops gehen, *über den ▸Jordan sein, ▸koppheister gehen, *den Löffel weglegen, *die Radieschen von unten bekucken, *▸verschütt gehen, über die ▸Wupper gehen

still   *sich nicht mucken, stickum

stinken   riecht wie ▸Emscher, *Mief, *mieten, möffen, muffen, muffeln, *müffen, müffeln, Müffi, riecht wie ▸Omma unterm Arm, *Stinkadores

stochern   prockeln, Prockeleisen, *Prockelstock, prokeln, *Stocheisen, stochen

Stoß andötschen, anticken, antitschen, antucken, Deu, schuppen, titschen, Tuck, verdötschen

Strafe *sein Fett (weg-)haben, Klöpper, *Klopppeitsche

Strafzettel Blaumann, Blaumeise, *Knöllchen, Parkmieze

Streichholz ▸Kiste Licht, Striekspönken

Streit *wie die ▸Besenbinder, käbbeln, *wie die ▸Kesselflicker, ▸Klüngel miteinander haben, *mit jemandem ▸Knatsch haben, Knies(t), ▸Larri machen, *▸Stunk machen

Stück Fitzken, Placken, Remmel

Stummel Fissel, Knirbel, Zammel

suchen abklabastern, *abklappern

Tanz *Klammerblues, *Ranschleiche, *Schmuseblues

Taschengeld *Schickermoos, Sonntagsgeld

Taschentuch *Rotzfahne, Strunztuch, *Tempo

tauchen döppen

täuschen *fudeln, Fuschzettel, krücken

Technik *Mimik

Telefon anbimmeln, Schmuseleine, *sich an die Strippe hängen

teuer happig, da muss ne Omma viel für ▸stricken

Tier Bergmannskuh, Brummsumse, *Dachhase, *Hottehü, Hottemax, *Kläffer, Keiloff, Klepperhannes, Krepel, Kröch, Kröer, Miegampe(l), Ösken, Ötsch, Püschken, *Sackratte, Sumse, *Tapetenflunder, Töle, Wippstert, *Zossen

Toilette Aalskuhle, Bello, auffen ▸Bottich/▸Eimer gehen, Driethus, *Klo, *Pinkulatorium, Tö, die große ▸Uhr ohne Zifferblatt und Zeiger

töten *abmurksen, *▸alle machen, ▸platt machen, umnieten, umsäbeln

trinken Allohol, sich einen ▸ankrämmeln, sich einen ▸antüttern, sich einen ▸antuttern, *asbestfrei, *ballern, *einen ▸Deckel machen, ▸Domino spielen, *sich die ▸Hucke voll saufen, *knülle, *picheln, Picheltour, Pinneken, Pinnchen, sich einen (ver)▸pitschen, sich einen (ver)▸plästern, sich etwas ▸reinfegen, sich etwas ▸reinpfeifen, *reintun, *eine Sause machen, schlabbern, *Schluckspecht, sich

einen schnasseln, Spritkopp, süppeln, verkasematucken, sich einen
▶verkimmeln/▶verkümmeln, *verlöten

Trompete   Tröte

Trottel   *▶Arsch mit Ohren, *ballaballa, *beknackt, beknatscht,
bematscht, beschmiert, besemmelt, *bestusst, Birne, Birnemann,
Blötschkopp, Bratarsch, Bratbär, *Chaot, Dämelskopp, Dämlack,
Döllmer, dösig, Döskopp, Döspaddel, dulle, Dullmann, Dummbatz, Dusseldier, Earnie, Eumel, Faxenheinz, Flabes, Flappmann,
*Geflappter, *Halbgeflappter, Herzken, Hirni, Kamuffel, Kappes-
kopp, *doof wie ne ▶Karre Asche, einen ▶Kopfschuss haben, *ein bisschen kurz unter der ▶Mütze sein, ▶panne (im ▶Kopp), ▶Pannemann
(und Söhne), Peias, Piesel, Semmelkopp, *Stratege, Torfkopp, Tortenarsch, Tütenkopp, Waldheini, *Weltmeister

Tür   Dörpel, Schott

überflüssig   *geschenkt

sich übergeben   ▶Bröckchen husten, ▶Bröckskes reden, *jemandem
fällt etwas aus dem ▶Gesicht, göbeln, die große ▶Uhr ohne Zifferblatt
und Zeiger, ▶Würfel husten

überrascht   abbrechen, *baff, ▶Bauklötzkes staunen, boo(ch), bor, dat
issen ▶Dingen, *Donnerlüttchen, *ach du dicket ▶Ei, *mich knutscht
ein Elch, *gebügelt sein, *geplättet, *das ist der ▶Hammer, vom
▶Hocker fallen, ▶Kerl inne Kiste, *da fällt einem der ▶Kitt aus der
Brille, das hälze doch im ▶Kopf nicht aus, ich glaub mich ▶kriegense,
*leckomio, *leck mich doch am ▶Leibchen, Manno, Mannomann,
Man(n)ometer, *da legste die ▶Ohren an, *mich tritt ein Pferd, ach
du ▶Schande, ach du ▶Scheiße, *im ▶Sechseck springen, von den
*Socken, im ▶Spargel stehen, leck mich doch inne ▶Täsch, *da krisse
die ▶Tür nich zu, ach du dicken ▶Vatta, *im ▶Wald stehen, wattan wattan, *ich brech zusammen

überreden   anspitzen, belatschern, drisseln

übertreiben   *sich bemachen, einen ▶Bohei machen, *Fez, Firlefanz,
*Gedöns, nu machma ▶halblang, ein ▶Hausheben veranstalten, auf
die ▶Kacke hauen, ▶Karmine machen, *Kokolores, *Stuss, *Terror
machen, Tillefitt, Tilli, *Trara, *wie die ▶Weltmeister(s), *Zwergenaufstand

überschäumend onnüesel

Uhr wat schmust der ▶Osnik, *nach dem ▶Pfandhaus gehen

umsonst *für ▶lau, für ▶notting, für ▶umme

umsorgen *den ▶Arsch nachtragen, betutteln

umständlich *sich einen ▶abbrechen

unangenehm *alt aussehen, *die ▶Arschkarte gezogen haben, *ätzend,
Bredullje, *▶gekniffen sein, *der ▶Gekniffene sein, dann is ▶Hängen
im Schacht, *in seinem kurzen/gewaschenen ▶Hemd dastehen, ösig,
*reinschliddern, Schlampampel, usselig

unansehnlich fluddelig, ipschig, knuselig, knüsselig, Krepel, *kreplig,
oll, ömmelig, *schäbbig, verschrömmelt

unanständig *sauig

Unebenheit *Huckel, huckelig

unehrlich abziehen, anscheißen, *linke ▶Bazille, *betuppen, bunkern,
sich durchfrickeln, *filmen, *fuschen, *gefilmt werden, *gelackmei-
ert, *der Gelackmeierte sein, klemmen, *link, *linken, *mauscheln,
▶nass machen, ölen, *Schmu machen, *Schore, *türken, *einen Türken bauen, unterbauen, *unterjubeln, *verquetschen

ungeschickt Hahnepampel, *sich die ▶Ohren brechen

unhöflich *Stiesel, Stoffel

unkonventionell flippig

Unordnung Gepröddel, Geschlönz, *bei ▶Hempels unterm Soffa/
im Wohnzimmer, Klüngelanton, *klüngelig, krumpelig, Kuddelmuddel, Kurmel, prümeln, rölschen, hier sieht es aus wie Sau/wie
bei ▶Sau(s), Schlönzken, schlörig, Schlunz, Schlunze, schlunzig,
Schlunzkopp, verschlunzen, *schusselig, *verklüngeln, verpröddeln,
ver▶rölscht, *Wutz

unsicher *kippelig

Unsinn *alles ▶Banane, Fez, *Firlefanz, Fissematenten, Gelulle,
*Geseires, Kappes, Kiki, Kikifax, Killefitt, Kitschback, Kokolores,
Lapiralla, Lappes, Lulli, *▶Männekes machen, Pillepopp, *Schmon-
ses, Siff, ▶Spökes machen, Tinnef, Tullux

Unternehmen *Klitsche

unverschämt dickes ▸Ei

unwichtig Tüttelkram

urinieren miegen, pieschern, pillern, *Pinkulatorium, pinkulieren, *strullen, strüllen, strullern

verabscheuen *etwas nicht abkönnen, *jemanden gefressen haben, *auf dem ▸Kieker haben, das hälze doch im ▸Kopf nicht aus, *nicht ▸verknusen können

verdrossen mucksig

Vergnügungsstätte Asischuppen, Kugelbude, *Stripstube

verkaufen *verkloppen, *verscherbeln, *verscheuern

Verlangen *Bock haben, *Brand, geiern, *Gierschlund, jiepern, jipperig, *Kohldampf, *▸mucker sein, *▸spitz wie Nachbars/Opas Lumpi, Rachulla, *Raffzahn, rattendoll, rattendüll, ▸Schmacht haben

verlegen bedröppelt

verlieren *flöten gehen, *futsch, *futschicato (perdito), verbaseln, verbumfi(e)deln, *verklüngeln, *versaubeuteln, verschlammen, verschlempern, verschlüren, verschlunzen, *▸verschütt gehen, vertorfen, wech

verrückt *aushaken, ausklinken, *ausrasten, bematscht, beschmiert, besemmelt, Birne, Birnemann, *Chaot, *einen ▸Draht aus der Mütze kucken haben, da springt einem der ▸Draht aus der Mütze, extrabreit, *einen Haschmich haben, *einen Hau (mit der Wichsbürste) haben, ▸holla sein, *hops und ▸holla, im ▸Kino, einen ▸Knappschuss haben, *einen ▸Kopfschuss haben, *nicht alle auf der Latte haben, einen ▸Lattenschuss haben, *Macke, ▸malle (im Kopp), *▸Männekes machen, *▸morbus Bahlsen, *einen an der ▸Mütze haben, einen ▸Nagel im Kopp haben, ▸panne (im ▸Kopp), ▸Pannemann (und Söhne), die ▸Pfanne am eitern haben, die ▸Pimpernelle(n) kriegen, *plemplem, *ein ▸Rad abhaben, *am ▸Rad drehen, rammdösig, *einen ▸Schlag mit der Wichsbürste haben, dat ▸Schoss raushaben, *einen ▸Sprung in der Schüssel haben, verkinschen, *Zustände kriegen

Versager *Experte, Krampe, nicht aus dem ▸Kreuz kommen, *Krücke, Lusche, *(prost) ▸Mahlzeit, *keinen ▸Plan von etwas haben, *Schwachmatikus, *Traumtänzer, *Weltmeister *verschütten* *plempern, schlempern

verstehen *checken, *etwas gefressen haben, *▸geregelt kriegen, gebongt haben, *packen, peilen, raffen, *auffe ▸Reihe kriegen, *schnallen, spannen, *auf Zack sein

Vertreter *Treppenterrier

verwirren *▸kirre machen, kolone, *Konfusionsrat, ganz ▸Konfuzius machen, *einen ▸Kopf wie ein Rathaus haben, kulone

voll pickepackevoll, pröffen, proffen, rappelvoll

Vornamen Günna, Hebbert, Hömmut, Hotte, Kalla, Kallemännken, Kalli, Kiki, Malchen, Manni, Schackeline, Siggi, Söffken, Willem, Wollang

wackeln *kippeln

Wagen Aldiporsche, Bollerwagen, Hackenporsche, Hund, Hunt, Teckel, Zwiebelporsche

Warnruf *Brennholz!, es brennt!

waschen puckeln

Weg Pättken

weggehen *abdackeln, *den ▸Abflug machen, abglucksen, *abzischen, *abzittern, *sich vom ▸Acker machen, einen ▸Adler machen, einen ▸Brenner machen, *Flatter, einen ▸Flattermann machen, *Leine ziehen, *Mücke, *die Platte putzen, schieß in den ▸Wind

wehleidig Frierpitter, *Heulsuse, *Miesepeter, *Transuse

Weihnachten frohen ▸Christ

weinen *flennen, Hülemule, päpen, quaatschen, eine ▸Schüppe/ Panne ziehen

Werkzeug Gezähe, *Hebamme, *Knarre, Mlotek, Mottek, Pinnorek, Pömpel, ▸Recklinghäuser Schlinge, ▸Schlägel und Eisen, Siebzehnerschlüssel

windig kacheln

Wirt Buddiker

Witz Döneken, noch son ▸kalten unnet wird Winter, *Klops, klopsig, knollig, *Schote

Wolldecke Woilach

187

zahlen   *abdrücken, *abstottern, *(zu)buttern, latzen, *keine müde ▸Mark, ▸platt machen, raustun, verbrettern, verschnuppern, *Zahlemann und Söhne

Zahn   Hauer

Zeitung   Watzmann, WAZ

zerknittern   knüddeln, prömmeln

zerstreut   baselig, Baselkopp, bematscht, drämelig, drämeln, drölig, drömmeln, *Konfusionsrat, *Schussel, *schusselig, *Transuse, tüddelig, *verbaselt

Zeugnis   absäbeln, Käseblatt, einen ▸Papptus machen, in den ▸Teich setzen, *versieben

Zigarette   van ▸Ander(e)n, Marke ▸Bahndamm Nordseite, Docht, ▸Drehungen machen, Fluppe, *Glimmstengel, gofeln, Hugo, *Lulle, *Lungentorpedo, *Sargnagel, Schmulch, schmulchen, Schnoratti, *Zarette

zu   bei, nach, zukriegen

zusammensein   klucken, rumklucken, *zusammenklucken

Ruhrgebiets-Deutsch in 30 Regeln

von Klaus Birkenhauer

Zu beschreiben ist eine Sprache, die erst in den letzten hundert Jahren entstand und sich nie abschloss; eine Sprache, die von niemandem »rein« erhalten oder »gepflegt« wurde, sondern die ihren Sprechern – heute immerhin über vier Millionen Menschen – lange Zeit sogar verächtlich erschien, derer sie sich schämten. Doch wenn man mal genauer hinhört, stellt man fest, dass das Ruhrgebiets-Deutsch gerade kein »verkommenes« Deutsch ist, sondern eine durchaus systematische Abwandlung davon, die noch den Vorteil hat, dass sich ihre Regeln – im Gegensatz zu denen anderer Dialekte – recht schnell lernen lassen.

Beschreiben wir diesen merkwürdigen Dialekt erst einmal als Umgangssprache.

Umgangssprache muss vor allem bequem sein – wie ein ausgelatschtes Paar Schuhe. Sie darf, im Gegensatz zur Hochsprache, nirgends drücken oder kneifen, sondern muss ohne Aufwand oder viel Aufhebens ihre beiden Haupt-Zwecke erfüllen: dass man sich mit ihr in allen Alltags-Situationen mühelos verständigen, und dass man dabei zugleich seine eigene Einstellung unmissverständlich kundtun kann.

Umgangssprache ist deshalb, nicht nur im Ruhrgebiet, grob und geradeheraus – das zeigen die Beispiele in der erklärenden Wörterliste. Sie kennt keine Beschönigungen, sondern sagt, wie es ist, oft überdeutlich.

Damit z. B. niemand zweifeln kann, wann wirklich mehrere gemeint sind, heißt es im Ruhrgebiet: »die Kinders«, »die Blagens«; nicht zu übersehen ist andererseits die Zärtlichkeit gegenüber Kindern und anderen kleinen Tieren. Die zahlreichen »Beschimpfungen« sind freundlicher als in der gemeindeutschen Umgangssprache; und Gebrechen werden zwar deutlichst benannt, aber mit einer Behutsamkeit, die dem Betroffenen nicht zu nahe tritt.

Wie diese eigentümliche Sprache entstanden ist, hat uns wenig interessiert. Mit Sicherheit falsch ist jedoch, das zeigt unsere Wörtersammlung, die traditionelle und durch stetige Wiederholung nicht richtiger werdende Behauptung, das Ruhrgebiet habe als Schmelztiegel für vielerlei – vor allem polnische – Sprach-Einflüsse gedient, Ruhrgebiets-Deutsch sei also, wie eine feste Wendung noch heute behauptet, ein »Polnischplatt mit Zungenschlag«.

Davon stimmt nur »Platt«, das tatsächlich die wichtigste Rolle spielt – darüber gleich mehr. Der »Zungenschlag« beschränkt sich jedoch schon auf die Aussprache des L im Silben-Auslaut (ein eher englisches L, das vor allem im östlichen Ruhrgebiet zu hören ist) und auf die Endung -EK, mit der man beliebige Wörter bequem »polonisieren« kann. Wirklich aus dem Polnischen sind in unserer Sammlung nur ganze vier Wörter herzuleiten (dazu zwei aus dem Russischen und sieben aus dem Jiddischen) – kein gerade hoher Prozentsatz.

Natürlich gibt es noch allerlei »Sprüche«, in denen die Redeweise der »Pollacken«, der Zuwanderer aus Polen und Ostpreußen karikiert wird:

> da spielt äiner Jäije wie wenn wäint äiner

demonstriert die Unfähigkeit der Zuwanderer aus dem Osten, EI wie AI auszusprechen, und zugleich ihre Schwierigkeiten mit der deutschen Wortstellung. Und der Spottvers

> und is sich Kammrat fläißig / so kricht sich dräi Mark dräißig /
> und is sich Kammrat faul / so kricht sich wat auf Maul

zeigt die slawische Vorliebe für Konstruktionen mit »sich« und das Ausfallen des bestimmten Artikels.

Darüberhinaus jedoch hört man heute höchstens mal, dass etwa umschlagtuch-vermummte Türkinnen als »polnische Mattkas« bezeichnet werden. Aber das wär's dann auch schon, was die »östlichen« Einflüsse angeht.

Sehr viel auffälliger für heutige Zuwanderer ist die weit verbreitete Benutzung von Eigennamen und Markennamen, besonders aus dem Werbefernsehen: »Earnie« ist als »Örni« genau so ein Begriff wie »Fuzzi« und ähnliche Gestalten; jeder Nachtisch wird schnell zur »Danone«, jedes Papiertaschentuch zum »Tempo«, jede Windel zu »Pampers« usw. – und zwar besonders, wenn das Produkt marken- und namenlos in einem Kettenladen oder Großmarkt eingekauft wurde.

Das mag bedauern, wer will. Unsere ganze Umgangssprache, nicht nur die im Ruhrgebiet, lässt sich so von der Werbung manipulieren. Aber Sprachkritik ist hier nicht am Platze, Umgangssprache sollte man beobachten, aufzeichnen, und höchstens einmal da, wo sie dunkel oder unentschieden wirkt, ein bisschen verdeutlichen.

Dabei stellt sich dann freilich schnell heraus, wie viel Systematisches in der Sprache des Ruhrgebiets zu finden ist, dass man sie also auch als Dialekt bezeichnen darf, weil sie sich wie ein Dialekt beschreiben lässt. Und das soll jetzt geschehen.

Traditionell wird an erster Stelle die Lautgestalt erklärt, und das mit Recht; denn abgesehen von inhaltlich Rätselhaftem fällt sie einem Außenstehenden am deutlichsten auf, sofern sie nur konsequent »anders« ist als die der Hochsprache. Und im Ruhrgebiet ist sie eindeutig Plattdeutsch, darauf läuft alles hinaus.

Zunächst das R im Silben-Auslaut – oder vielmehr, sein Nichtvorhandensein, das freilich allerhand Folgen hat.

Regel 1: Im Auslaut betonter Silben wird das R durch ein »weggleitendes« A ersetzt, und gleichzeitig wird der Selbstlaut, auch wenn er ursprünglich kurz war, gelängt und »gespannter« ausgesprochen. In vielen Beschreibungen heißt das »breiter«, was auch ungefähr stimmt: der »gespanntere« Laut entsteht mühelos, wenn man zunächst mal beim Sprechen lächelt, also die Mund- und Wangen-Partie verbreitert.

Bart	spricht man	Baat
Schwarzbrot		Schwaazbrot
Lärche		Leeache
Berg		Beeach
Kirche		Kiiache
Morgen		Mooang
Gurke		Guuake
Würste		Wüüaste

Regel 2: Wenn nach der Silbe, deren Selbstlaut gemäß Regel 1 lang werden müsste, nicht eine unbetonbare, sondern eine (wenn auch schwach) betonbare Silbe erscheint, bleibt die Längung nicht nur aus, sondern die betonte Silbe mit R wird sogar deutlich verkürzt:

herbe	spricht man	heeabe (Enttäuschung)
aber Herbert		Häbbeat
Herzchen		Heeazkcn

aber Herzschlag	Häzzschlach
hören	hööan
aber hörma(1)	hömma
Barfrau, Quarkspeise	Bahfrau, Quakspeise
aber Argentinien, Karton	Aggentinien, Kattong

Regel 3: Auch im Auslaut von unbetonten Silben verschwindet das R; anstelle des Selbstlauts mit R erklingt ein Murmellaut, der zwischen einem kurzen O und einem kurzen A liegt:

besser	spricht man	bessa
Vergangenheit		Vogangenheit
zerstört		zaschtööat
Körner		Kööana

Solch ein konsequentes Nicht-Aussprechen des R im Silben-Auslaut ist deswegen besonders interessant, weil diese Einsparung in der hochdeutschen Aussprache mindestens nach A schon immer bevorzugt wurde und auch nach den anderen Selbstlauten allmählich häufiger wird. Man übertriebe also kaum, wenn man sagte: das Ruhrgebiets-Deutsch ist mit seiner Vereinfachung des R bereits an dem Punkt angekommen, den das übrige Deutsch erst noch anstrebt.

Weniger häufig, aber immer noch auffällig genug ist eine andere Aussprache-Angewohnheit, die das Ruhrgebiets-Deutsch mit dem Platt und dem Niederländischen gemeinsam hat: jedes G im Silbenauslaut durch CH zu ersetzen. Und zwar streng nach den deutschen Aussprache-Regeln: entweder als »ich-Laut« nach »hellen« Selbstlauten (Ä, E, I, Ö, Ü), oder als »ach-Laut« nach dunklen Selbstlauten (A, O, U).

Regel 4: Ein G im Silben-Auslaut wird (nach kurzem und langem Selbstlaut, nach Doppellauten und nach einem L) immer als CH ausgesprochen.

Weg	spricht man	Weech
es ist weg		et is wech
täglich		täächlich
bewegt		beweecht
steigt		schtaicht
Zeug		Zoich

Krieg	Kriech
lügt	lüücht
jagt	jaacht
Augapfel	Auchapfel
flog	flooch
Katalog	Kataloch
Savignystraße	Saviichnistraße
Talg	Talch
Erfolg	Erfolch

Regel 5: Wenn Regel 1 und Regel 4 gleichzeitig wirken, nämlich bei RG im Silben-Auslaut, wird das CH nicht als »ach-Laut«, sondern als »ich-Laut« ausgesprochen. (Das ist ein Unterschied, den wir in der Rechtschreibung leider nicht ausdrücken können, weil die Aussprache des CH außerhalb des Ruhrgebiets streng an den Unterschied von »hell« und »dunkel« gebunden ist.)

Sarg	spricht man	Saach
Zwerg		Zweeach
Bergmann		Beeachmann
birgt		biiacht
borgt		booacht
Burg		Buuach

Damit ist jeder Zuwanderer schon mit wenigen Regeln imstande, schwierige Städtenamen des Ruhrgebiets richtig auszusprechen:

Dortmund	spricht man	Dooatmunt
Duisburg		Düüsbuuach
Gelsenkirchen		Gellsenkiiachen
Herne		Heeane

Übrigens: für das schon erwähnte »besondere« L in »Gelsen-kirchen« (dessen richtige Aussprache nur im Östlichen Ruhrgebiet erwartet wird) gilt die Aussprache-Übung aus Regel 1: Sprechen Sie das L erstmal eine Zeitlang mit lächelndem Gesicht, also mit breit-gezogener Mund-Wangen-Partie; dann kriegen Sie schnell raus, wie die Zunge seitlich gewölbt sein muss – und dieses L ist nicht nur fürs Englische, sondern auch fürs Russische nützlich.

Regel 6: Bei einigen Wörtern, die man einfach lernen muss, bleibt ein langer Selbstlaut vor dem G, das zu CH wird, unerklärlicherweise nicht lang, sondern er wird kurz:

Tag	spricht man	Tach
Schlag		Schlach
sag, sagte, gesagt		sach, sachte, gesacht
Auftrag		Auftrach
Jagd(en)		Jacht(en)
er kriegt		er kricht
Joghurt		Jochhuuat
Betrug		Betruch
D-Zug		D-Zuch
genug		genuch

Im Ruhrgebiets-Deutsch gibt es (abgesehen von dem »ich«-Laut aus Regel 5) noch vier weitere Laute, die sich mit den schriftdeutschen Konventionen nicht eindeutig darstellen lassen; da man sie deshalb automatisch falsch liest, muss man sie einfach lernen:

Regel 7: Merken Sie sich bitte die Wörter

boo(ch), Kros, krosen, schroh

diese Wörter spricht man mit langem, offenem O (wie in »flott«, aber eben lang), während im Hochdeutschen sonst jedes lange O geschlossen ausgesprochen wird.

Regel 8: Merken Sie sich bitte die Wörter

Kohlentröte, Krösken, Milchtöte, Schröwen, Töte, Tröte

diese Wörter spricht man mit langem, offenem Ö (wie in »Klötze«, aber eben lang), während im Hochdeutschen sonst jedes lange Ö geschlossen ausgesprochen wird.

Regel 9: Merken Sie sich die Wörter – es sind jetzt leider eine ganze Menge

Brassel, drisseln, Dusseldier, Fissel, fisseln, Fissematenten, Gebrassel, Knüssel, knüsselig, krüssel-, Kusselkopp, musseln, Nüssel, Pissel, Pusselümpen, schnasseln, usselig diese Wörter spricht man mit stimmhaftem S (wie in »Nase« oder »Bremse«). Der stimmhafte S-Laut wird hier trotzdem als Doppel-S geschrieben, weil der Selbstlaut davor unbedingt kurz bleiben muss.

Regel 10: Die letzte dieser Eigenheiten ist ein merkwürdiger Laut, den wir alle aussprechen, ohne ihn je zu bemerken: Wenn wir »an« oder »ein« oder »unser« sagen, setzen wir das A, E oder U hinten im Rachen mit einem leichten Knacken an, wir können gar nicht anders.

Das ist der sogenannte Glottis-Schlag, und im Ruhrgebiet kann er auch – wie in vielen afrikanischen Sprachen (sind wir vielleicht doch »Kaffers«?) – am Ende einer Silbe vorkommen. Aber zum Glück nur unter einer Bedingung: dass die Silbe auf -TT endet. In diesem Falle wird das -TT oft durch jenen kurzen Knacklaut ersetzt, der hier als ' geschrieben ist:

Bettfedern	spricht man	Be' fedan
Mettmann		Me' mann
Rabattmarken		Raba' maaken
Trittleiter		Tri' leita
Schrottplatz		Schro' platz

Damit ist die Lautlehre im engeren Sinne beendet. Die folgenden Besonderheiten der Ruhrgebiets-Aussprache greifen schon in den Bereich der Formenlehre über.

Regel 11: Sehr auffällig sind – vor allem eingedenk der »Aufweichung« vieler R zu A und vieler G zu CH – die Laut-»Verhärtungen« in einigen Wörtern:

das	spricht man	dat
was		wat
es		et
Kopf		Kopp
nichts		nix
(Häus-)chen		(Häus-)ken

Nur die Verkleinerungsform auf -KEN ist plattdeutsch; die anderen »Verhärtungen« hingegen sind in ganz Norddeutschland ziemlich allgemein verbreitet.

Und jetzt beginnt der Haupt-Spaß der Ruhrgebiets-Sprache, das große (wiederum plattdeutsche) Silben-Einsparen. Mit dieser Kunst liegt das Ruhrgebiet besonders weit vorn in der allgemeinen Sprach-Entwicklung des Deutschen. Denn man neigt zwar überall im Bundesgebiet dazu, die unbetonbaren und nie betonten Nebensilben mit schwachem E zu verschlucken; aber im Ruhrgebiet ist das längst zur Vollendung entwickelt.

Regel 12: Die Schlusssilbe -BEN wird immer zu -M verkürzt, die Schlusssilbe -BEND immer zu -MT und die Schlusssilbe -GEN immer zu -NG. Die Schlusssilben -MEN und -NEN werden von den Fortschrittlichsten zu -MM und -NN (einem langen N oder M) verkürzt; die Dickköpfigeren dagegen deuten noch ein schwaches E an (so schwach freilich, dass man's gar nicht mehr schreiben kann).

glauben	spricht man	glaum
Pflaumenkuchen		Flaummkuchen
Leben		Lehm
sieben		siem
oben		oom
Abenteuer		Aamteuer
schreibend		schreimt
sagen		saang
eigentlich		eingtlich
verbogen		verboong
Burgen		Buuang
ahnen		ahnn
lernen		leeann
wohnen		wohnn
turnen		tuuann

Und nun zur eigentlichen Formenlehre.

Die Beispiele zu den nächsten Regeln können allerdings nur mehr Andeutungen sein; denn wenn man auch nur die wichtigsten Formen aufzählen wollte, würden viele Seiten damit gefüllt. Ab sofort also repräsentative Zitate – meistens aus Jürgen Lodemanns Roman »Anita Drögemöller und Die Ruhe an der Ruhr«.

Regel 13: Bestimmte und unbestimmte Artikel (der, die, das, dem, den, ein, einen usw.) werden grundsätzlich an vorausgehende Verhältniswörter (Präpositionen) und Bindewörter (Konjunktionen) angehängt, und zwar in möglichst verknappter Gestalt.

	anne Füße
	fürren Interview
Sicherheit	inne Bude
einen	übere Rübe geboingt
	ummen Hals
wollte	untere Brause
	vonne Socken
	weile Gegend da Schöna is

Das ist im Deutschen ebenfalls nichts Neues, einige solche Spar-Formen schreiben wir alle längst: am, vom, zum, zur, ans, aufs, fürs; aber auch: weil's, wenn's, wo's. Allerdings zeigen die Auslassungszeichen noch das Unbehagen – während das Ruhrgebiet da ganz konsequent ist.

Der nächste logische Schritt, nämlich auch Fürwörter (Pronomina) grundsätzlich anzuhängen und stark zu verkürzen, war schon in frühneuhochdeutscher Zeit, etwa bei Luther, und dann im Barock, bei Abraham a Santa Clara oder Grimmelshausen, üblich: sie schrieben ungeniert »willstu« und »hastu«, und so lasen wir's auch, bis uns die Grammatiker des 19. Jahrhunderts solche Liederlichkeit verboten.

Regel 14: Fürwörter (Pronomina), die nach einem Tätigkeitswort stehen, werden nicht nur einzeln, sondern auch zu mehreren daran angehängt und dabei stark verkürzt.

da	sachße gaanix mähr
wat	meinze?
	hasse nix?
dat	müsse getz
dat	krisse nie
wie lange	stellze dich die Rumgurkerei so vor?
	kannzat maan bißken sortiern?
	kapierßat wattich mein?
so	gehtat nich

	hassat kapiert?
dann	setzich wacker hin
da	hamwert!

Oder tabellarisch, wenn auch durchaus unvollständig:

habbichen	kannichet	willichse
hassen	kannzet	willzese
hattern	kannert	willerse
hammwern	könnwert	wollnwerse
happtern	könntert	wollterse
hammsen	könnset	wollnsese

Regel 15: Im Zweifelsfall kann man alle unbetonten oder kaum betonten Wörter, die an zweiter oder dritter Stelle nach einem »sinntragenden« Wort erscheinen, an dieses Wort anhängen und verkürzen – bis knapp vor die Grenze der Unverständlichkeit. In vielen Fällen wird bei diesem Aneinanderhängen auch das »sinntragende« Wort mit verkürzt; besonders betroffen davon sind einerseits Wörter, deren R verschwunden ist, und andererseits Wörter auf -G und -CH:

	solzoch mähr trainiern
oda wie	klapptata?
wieso	dattän
dat	kannzoch mit mir nich machen!
	issattän au wah?
	siehßattännich?
wat	denkßich eintlich
	höddo auf!
	die waddo voschütt
also jetz	sachdomma watte wills
hasse immer	nonnix gehört?
dat kammen den	onnoch zutraun
lammido	onnoma kucken
genau dat	sarrich doch dauernd
konntse ja	donnich
nu kannzet	donnimähr abwaatn

Allerdings gibt es eine kleine, begrenzte Gegenbewegung zu diesen Sparmaßnahmen:

Regel 16: Eine Reihe von Wörtern (und Zusammenziehungen) wird – verdeutlichend – um ein zusätzliches S erweitert. Typische Beispiele:

Bratkartoffeln	wird zu	Brat	s	kartoffeln
Mietwohnung		Miet	s	wohnung
Öfchen		Öf	s	ken
meinetwegen		meint	s	wegen
irgendwie		iant	s	wie
irgendwo		iant	s	wo
wo du		wo	ß	e
ehe du		eh	ß	e
wenn du		wenn	z	e

Regel 17: Im selben Sinne, nämlich um der störungsfreien Verständlichkeit willen, wird (wie schon erwähnt) auch gern die Mehrzahl überdeutlich ausgedrückt – durch Anhängen eines S; und zwar besonders bei Wörtern, deren Einzahl und Mehrzahl gleich lauten:

Kinders, Blagens, Türens, Fensters, Treters, Schülers, Wärters, Läufers, Stürmers usw.

Was die Beugung von Haupt- und Eigenschaftswörtern angeht, ist die Sprache des Ruhrgebiets äußerst sparsam. So kommt sie z. B. im wesentlichen mit nur zwei Fällen aus.

Regel 18: Im Prinzip gibt es nur den 1. und den 4. Fall (den Nominativ und den Akkusativ). Nach Verhältniswörtern (Präpositionen) steht normalerweise nur der 4. Fall:

bil-	tich nur nix ein!
wat denk-	ßich eintlich?
merk	dich dat
komm du	mich nich untere Aung
dat kamman	den Hotte onnoch zutraun
dabei wa	die dat piepegal
von	dat Dita hatter wat von
mit-	tat Marion

Herr vergib-	se
als wenn ich	se gehörn würd
Sicherheit	inne Bude

Regel 19: Der 4. Fall (Akkusativ) dient aber im Ruhrgebiet auch als Anrede-Fall (Vokativ) und dazu, jemanden überhaupt hervorzuheben und deutlich ins Bewusstsein zu bringen. Das ist eine Bereicherung der Ausdrucksmöglichkeiten, die im Deutschen sonst fehlt:

ej	Rotzigen
tja	lieben Polizeimeister
bis ja donnich	son ganz Bescheuerten
un ta lach da	den Hömmut
fümf Mille kricht	den Schrapphals
wat	den Paule is,
	unsern Präsedenten
bissen	aamen Junge
wer als	ersten stiften geht, bis du
ich als	sauberen Bürger

Regel 20: Der dritte Fall (Dativ) wird – auch nach einem Verhältniswort (einer Präposition) – nur dann gebraucht, wenn man sich den Endpunkt der Handlung, das Am-Ziel-Angelangtsein vorstellen will oder kann:

da mussedich eemt	annem Kutti halten
komm du	im Bett
gehnse vom Paakhaus direkt	im Kinno
kapaaftich floch ich	im Schrank
dann kanner widder	im Gaaten

Regel 21: Der 2. Fall (Genitiv) existiert nicht. Zum Ausdruck der Eigentümer- oder Besitzer-Beziehung stehen zwei Möglichkeiten zur Verfügung:

meines Vaters Haus	mein Vatta sein Haus
oder	dat Haus von mein Vatta

Wer statt »mein« (= »meinen«, 4. Fall) »meim« (= »meinem«)
sagt, gilt als hochnäsig (vgl. Regel 18).

Regel 22: Eigenschaftswörter und Fürwörter werden sehr oft gar nicht
mit gebeugt:

sie führt sich auf wien	klein Mädchen
wir hatten die Tage	schlecht Wetter
der hat nichman	sauber Hempt
wat	unser Tante Matta is

Regel 23: Wenn Eigenschaftswörter doch mit gebeugt werden, dann
auf plattdeutsche Art und Weise:

dat issen	schönet Bild
son	spirriget Bürschken

Regel 24: Einige Verhältniswörter (Präpositionen) werden ganz
anders gebraucht als im Hochdeutschen. Sie werden in der Erklärenden Wörterliste erläutert, vgl. dort z. B. »bei«, »für« oder »nach«;
und in der Begrifflichen Wörterliste sind sie unter Sprache zusammengestellt.

Regel 25: Die Ruhrgebiets-Sprache kennt, im Gegensatz zum Hochdeutschen, eine richtige »Verlaufsform« der Tätigkeitswörter:

Das Wörtchen »am« vor einem Tätigkeitswort in ungebeugter Form
drückt (so eindeutig wie die englische »ing«-Form) aus, dass die
betreffende Handlung andauert, andauern soll oder angedauert hat:

wat is dat heute	am plästern!
wir sind noch	am schreim
die annern waan schon	am feansehkucken
letztes Jahr wo allet	am reifen fing
dat Dötzken fängt	am laufen
wie bringich dat	am richtig wackeln?
wo dat jetz Mai	am weean is
da fängsse richtich	am staunen
bisset schon dran	am ühm?

Regel 26: Bei Vergleichen wird nur »wie« oder »als wie« benutzt -niemals »als«:

dein Auto is schöna	wie mein Vatta seins
so isset bessa	wie wenne dat nich machs
unsa Haus is größa	als wie dat woße wohns

Regel 27: Die verweisenden Wörter »dafür«, »davon« und »dazu« werden zur Satz-Verklammerung auseinandergespreizt (wie sonst nur »trennbare« Tätigkeitswörter):

dafür kann er nichts	da kanner nix für
davon hast du nichts	da hassenix von
davon versteht sie was	da voschtehtse wat von
dazu komm ich noch	da kommichnoch zu
dazu fällt mir ein	da fällt mir zu ein

Und damit sind wir schon unbemerkt in den letzten Teil, in die Satzlehre hinübergerutscht, zu der es nicht mehr viel zu sagen gibt: Ruhrgebiets-Deutsch ist gleichzeitig Dialekt und Umgangssprache, und als Umgangssprache bevorzugt es natürlich kurze, unkomplizierte Sätze, die, wenn's denn schon sein muss, möglichst einfach miteinander verknüpft werden. Zwei solche Satz-Verknüpfungen seien wenigstens noch erwähnt:

Regel 28: Kompliziertere Bindewörter werden gern durch das einfache, überall nützliche »dat« ersetzt:

Er arbeitet jetzt im Bergwerk, damit er endlich mal richtig etwas verdient.	Er geht jetz inn Pütt datter endlichma richtich wat vadient.
Wer weiß schon, ob er kommt?	Weea weißschon, datter kommt?

Ebenfalls aus dem Plattdeutschen stammt die letzte Satzbau-Gesetzlichkeit.

Regel 29: Begründende Sätze werden ungern mit »weil« oder »denn« eingeleitet, sondern lieber als Hauptsätze angehängt, in denen ein »ja« den Begründungszusammenhang stiftet:

Ich habe garnichts da, denn ich wusste nicht, dass du kommen würdest.	Ich hab gaanix da, ich wusste ja nich, datte komms.
Ich habe die Stelle bekommen, weil ich am besten Steno konnte.	Ich hab die Stelle gekricht, ich konnte ja am besten Steno.

Die wichtigste aller Regeln habe ich jedoch bis zum Schluss aufgespart:

Regel 30: Riskieren Sie nie, sich im Ruhrgebiet mit irgendeiner Form von Primitiv-Deutsch, einer Art »Babysprache«, »Gastarbeiterdeutsch« oder irgendeinem anderen Gestammel, anzubiedern. Wir wissen alle, wie unsere Ausdrucksweise auf Hochdeutsch klingen müsste. Nur is ehmt Hochdeutsch so fuuachba unbequem. Deshalb sprechenwa lieba unsa Deutsch. Leeanset also richtich – dat kamman.